나비야,
하늘 어두운 날에도
꽃은 필 거야

김덕림 수필집

교음사

| 책을 내며 |

위대한 서문을 위하여

2015년에서 2024년까지 10년 동안 각종 문예지에 발표한 작품 49편과 1편의 수상소감을 실었다. 잘나도 내 자식 못나도 내 자식이다. 10년이란 시간의 발자취를 아름다운 문학으로 승화시키려 노력한 것으로 스스로를 위안할 뿐이다.

대단한(?) 서문을 쓰기 위해 『위대한 서문』(버크, 베카리아, 니체 외 27인 지음/장정일 엮음)을 읽었다. 그들을 흉내 내기는 역부족이었으니 참고만 하기로 했다.

감사드릴 사람이 많다.

2015년 수필문학상 수상소감에서 밝혔듯이 나를 아는 문단 선 후배와 긴 세월 묵묵히 지원해 준 남편(이명구 베드로)과 그 당시 예비 며느리였던 며느리(김소연 세라피나)와 언제나 나의 든든한 자랑인 아들(이수현 세례자요한)에게 고마움을 전한다. 또 이 세상에 태어나 내 작품을 풍요롭게 해준 가장 사랑하는 손자(이서진 임마누엘)에게도 내 마음을 전한다. 그리고 교음사 강병욱 대표와 류진 편집장께도 감사드린다.
  무엇보다도 내 삶의 가장 큰 후원자 하느님께 감사드립니다.

2025년 5월
청아 김덕림(베로니카)

차례

▸ 책을 내며

1. 5매 에세이

16 | 날 좀 보소
19 | 할배, 기운 차리소
22 | 포도지정(葡萄之情)을 기억할까요
24 | 장군, 차 한 잔 받으시지요
26 | 물빛공원 애완오리 삼 형제
29 | 어떻게 되지요
32 | 숲의 솔직한 비밀
35 | 조상님 전(前)에
38 | 안녕하세요, 개조심 씨

2. 소래포구에서 녹우를 기다린다

42 | 일상 씨 어디 계세요
47 | 임시정부와 매헌을 찾아 상해로
53 | 그래그래

57 | 더 나은 흔적을 위하여
61 | 소래포구에서 녹우(綠雨)를 기다린다
66 | 기역과 니은의 차이
71 | 축제로다 잔치로다
76 | 유채야, 부탁해
80 | 마포로 간 황조롱이
84 | 한숲에서 푸르게 살기

3. 내가 아직도 그 남자를 만나는 이유

92 | 넌 이름이 뭐니
95 | 내가 돌아갈 계절
99 | 내가 아직도 그 남자를 만나는 이유
103 | 목련에게 미안해
107 | 누가 이 시(詩)를 아시나요
111 | 베로니카와 덕림사

115 | 어 그리고 아
119 | 신경 쓰지 마세요
124 | 장호원 장날 나무주걱
127 | 나이 든다는 것은

4. 불안한 곳간 털기

132 | 불안한 동거
136 | 곳간을 털어보니
140 | 떠다니는 목표
144 | 이별 연습
148 | 나 없을 때 이러면 안 돼
153 | 키 작은 달의 큰 행복
159 | 후투티의 계절
164 | 우연과 운명
168 | 세 베로니카
172 | 무엇을 담아야 하나

5. 김소연 시모의 명당살이

- 176 | 김소연 시모
- 179 | 명당살이
- 183 | 달팽이만 식구니
- 189 | 우리 가족 할래?
- 194 | 시누이 아가다
- 198 | 감나무, 결실을 말하다
- 203 | 거저 받은 보물
- 206 | 산소 가는 길
- 210 | 동행
- 214 | 우리 호두는 지금 독일에 있네
- 220 | 수상소감

1

5매 에세이

날 좀 보소

날 좀 보소/ 날 좀 보소/ 날 좀 보소
동지섣달 꽃 본 듯이 날 좀 보소

우리나라 3대 아리랑 중 하나인 「밀양아리랑」의 일부이다.

잘난 구석이 하나도 없는 나는 어디에서든 누구에게든 나를 보아 달라 청하지 않는다. 봐 달라 원하지 않아도 그리해 준 이들이 있기는 하다. 나의 부모님이 그러셨고 결혼 전 날 훔쳐보다 걸려든 남편이 있지 않은가. 그런데 내가 나를 봐 주라 하진 않았음에도 불구하고 요새는 집만 나서면 사방에서 나를 지켜보는 뜨거운 시선을 감내해야 한다. 어느 때는 그 시선이 섬뜩하기까지 하다. 점점 그 수가 늘어나고 있는 감시카메라 때문이다.

감기에 걸렸다. 그는 내가 원하지 않았음에도 나를 찾아왔고 내 입을 기어이 벌려 본 이비인후과 의사는 내 편도가 이렇게 심하기도 어려울 거라 했다. 물 한 모금 넘기기 힘들었고 열이 났으며 온몸이 욱신거렸다. 독감 검사와 코로나 검사까지 했고 다행히 음성이었다.

주사를 맞고 한 줌이나 되는 약을 하루 세 번 먹으며 버티고 있는데 아들에게서 전화가 왔다. 아픈 것을 알고서 한 전화가 아니라 다른 용건이었다. 일주일이 지났다. 나을 기미가 보이지 않아 또다시 들른 병원에서는 안약까지 추가된 약을 처방해 주었다.

울컥 화가 났다. 누군가를 희생양 삼으려고 내 뇌는 바삐 움직였다. 그 음모에 아들이 걸려들었다. '아프다는데 안부 전화 한 통 없네.'라는 생각이 마수처럼 아들한테 뻗치자 이제 아들한테 화가 났다. 퇴근한 남편은 아무 잘못 없이 아들에게로 갈 화를 온전히 받아내야만 했다.

'보다'라는 말이 있다. 밀양 아리랑에서 노래하는 '날 좀 보소'는 단순히 나를 한번 쳐다보는, 눈으로만 인식하는 '보다'의 뜻이 아닐 것이다. 나를 살피고 헤아려 달라는 간절한 뜻이 숨겨져 있는 것이 아니겠는가.

　나 역시 아들한테 뻗었던 화풀이 마수는 내 무의식에 가라앉았던 '날 좀 보소'의 본능이 나도 모르게 소환된 건 아닐까 생각해본다.

『수필문학』 2023년 8월호

할배,
기운 차리소

1. 지정번호: 경기-용인-89   2. 수종: 느티나무
3. 수령: 약 200년/ 약 250년   4. 나무둘레: 2.2m/ 3.4m
5. 지정 일자: 1982. 10. 15.   6. 수고: 13.5m/ 20.5m

위 내용은 우리 아들 생일날 보호수로 지정받아 41년 전 다시 태어났던 느티나무 할배의 개인정보 일부이다.

5년 전에 만났다. 인천에서 용인으로 이사를 오기 전 아파트 사전 점검일에 집에 들어와 창을 내려다보니 커다란 느티나무가 만나서 반갑다고 손을 흔들고 있었다. 집 앞의 경치가 맘에 들어 선택한 집이었지만 문 열면 마주할 범상치 않은 나무가 우리 집 앞에 우람하게 서 있을 줄은 몰랐

다. 뭔가 선물을 받은 기분이었다. 수백 년을 그 자리에 서 있었던 나무는 집안의 푸근한 어르신처럼 좋았다. 그래서 내가 오기 전 이곳에 있었던 일들을 물어보고 이 일 저 일 마음 놓고 얘기하기도 했다. 물론 할배는 가타부타 말이 없다. 그러나 나는 안다. 그는 내 얘기에 100% 수긍하고 동의하며 온전히 내 편인 것을.

장마다. 빗줄기가 가늘어지자 걷기에 나섰다. 느티나무 할배 앞을 지나는데 그는 커다란 주사액을 여섯 개나 주렁주렁 매달고 빗물인지 눈물인지 주룩주룩 물이 흐르는 참담한 몰골로 서 있었다. 봄부터 이상했다. 잎이 돋아나야 할 가지들은 겨우내 앙상하게 마른 그대로였다. 겨우겨우 한 가지만이 힘겹게 잎을 피워 올렸지만, 나머지 가지들은 아직도 바짝 마른 상태였던 것이다. 만물이 소생하는 계절에 앙상한 가지는 보는 이의 마음을 아프게 했다.

할배, 천 년을 넘게 산다는 느티나무이니 할배도 앞으로 수백 년은 더 살아야 하지 않겠는지요. 그래서 할배와 마주하고 있는 산 너머 215만 평 부지에 조성될 남사 이동읍 시스템 반도체 국가산업단지, 수십 년 뒤 세계적인 반도체 도시에 물밀 듯 몰려올 우리 후손들에게 전해 주셔야지요. 지금은 고즈넉하고 한가롭고 아름다운 이곳에서 누구보다 치열하게 살아냈던 우리네 삶을 말이지요.
 할배, 영양제든 치료제든 열심히 드시고 제발, 제발 기운 차리소.

『수필문학』 2023년 9월호

포도지정(葡萄之情)을 기억할까요

2년 전이었다.

가을장마로 질척이는 길을 달려 손자를 보고 왔다. 몇 달째 장이 좋지 않은 아이는 핼쑥해져 있었다. 첫돌이 지나면서 시작된 혈변이 아직도 계속되고 있지만 그렇게까지 홀쭉해진 적은 없었다. 18개월이 지나 젖살이 빠진 것인가, 아니면 변이 좋지 않아 병원을 드나드는 것으로 인해 더 안 좋게 보이는 것인가. 그렇다고 안 먹거나 보채지는 않는다는데 왜 그런지 병원에서도 시원한 처방이 없는 상태라 더 답답하다.

그날은 흰 이슬이 내린다는 백로(白露)였다. 1년 24절기 중 열다섯 번째 절기로 처서와 추분 사이에 있다. 가을 기운이 완연해지는 시기이다. 백로는 포도순절(葡萄旬節)의 시작일이기도 하다. 백로에서 추석에 이르는 기간의 포도순절에는 '그 해 첫 포도를 따면 사당에 먼저 고한 다음 그 집 맏며느리가 한 송이를 통째로 먹어야 하는 습관'이 있었다. 포도는 다산을 의미하기 때문이다.

또 포도지정(葡萄之情)이란 말도 있다. '어릴 때 어머니가 포도를 한 알 한 알 입에 넣어 껍데기와 씨를 가려낸 다음 입으로 먹여 주던 정'인 것이다.

지극정성으로 아이의 음식을 마련하는 며느리를 보며 생각한다. 먼 훗날 포도순절이 시작되는 그날 백로에, 우리 손자는 제 어미의 포도지정을 기억할 수 있으려나.

깊은 밤 기어이 묵주를 꺼내 들었다. 낮에 본 아이의 핼쑥한 얼굴이 못내 지워지지 않아 잠을 이루지 못했던 까닭이다. 밖을 내다보니 인적이 끊어진 도로에는 비 맞은 가로등이 내 마음처럼 심란하게 서 있었다.

'우리 손자 임마누엘을 기억하소서!'

그때나 지금이나 늘 나의 기도 제목이다.

『수필문학』 2023년 10월호

장군, 차 한 잔 받으시지요

다례제(茶禮祭)를 한다고 했다. 이름하여 '처인승첩 기념 대몽항쟁 희생자 및 김윤후 승장 추모 다례제'였다. 아, 물론 내가 초대받은 것은 아니었다. 오며 가며 거리에 걸린 현수막을 통해 안 것이었다.

5년 전 이사를 와 보니 집 옆에 처인성이 있었다. 이곳은 1232년 고려의 대몽 항전에서 몽골군을 대파시킨 전승지로 유명한 곳이다. 더구나 전문적인 훈련을 받은 정규군이 아니라 처인 부곡민들을 중심으로 몽골군의 남하를 저지하고 승리한 곳이어서 의미가 남다르다. 자그마한 토성인 처인성의 크기가 위대해 보이는 것도 무리가 아니리라. 누군가는 그 어려운 처인성 전투의 승리를 '하늘이 도왔고 기적이 일어났다.'라고도 한다. 하지만 그 기적을 일으킨 것의 주축이 김윤후 장군과 처인부곡민들이라는 사실은 변함이 없다.

다례제에 가기로 했다. 다음 날 서울에서 결혼식이 있어 충주 집에 가지 않아 시간이 있었다. 아니 일부러 시간을 낸 것이 맞다. 용인에 살고 있고 더구나 처인성을 옆에 두고 있으니 참석하는 것도 의의가 있으리라 생각한 것이다. 다례제는 용인시 불교 단체에서 주최한 것이었다. 법어를 하신 어느 스님께서는 '처인성은 용인의 자존심이고 대한민국의 자존심'이라고 했다. 그래서 미래세대의 역사교육 현장으로 많이 알려야 한다고도 했다. 그런데 참석한 사람들은 모두 불교 관계자와 정치인, 기관장들이었다. 그런 홍보를 원한다면 우선 바로 옆 7천 세대 대단지 아파트 주민들이라도 참석토록 했더라면 좋았겠다는 생각이 들었다.

장군, 저는 장군의 승전지 처인성 옆으로 이사를 왔고, 장군은 처인성 승전 후 21년 뒤 충주성 전투에서도 큰 활약을 하셨지요. 충주성이 있는 충주에는 저의 오두막이 있으니 장군과 저는 이래저래 인연이 있다고 하면 억지이겠는지요. 초대받지 않은 자로서 직접 차도 꽃도 올리지 못했네요. 그러나 정성을 다하여 마음의 차 한 잔 올리리다.

장군, 차 한 잔 받으시지요.   『수필문학』 2023년 11월호

물빛공원 애완오리 삼 형제

도서관 앞 데크를 사이에 두고 자그마한 저수지가 있다. 대단지 아파트가 들어선 후 그 저수지는 물빛공원이라는 이름으로 다시 태어났다. 물빛공원 호수에는 물고기가 유영을 하고 겨울이면 청둥오리가 날아와 까맣게 호수를 뒤덮다가 다시 날아간다.

그런데 사시사철 그 호수를 떠나지 않는 청둥오리 세 마리가 있다. 비오리(철새가 텃새가 된 것)가 된 청둥오리 삼 형제이다. 그들이 언제부터 이 호수에 있었는지는 모른다. 내가 이곳 아파트에 입주한 지 5년이 지났으니 최소한 5년은 넘었지 싶다. 그렇다면 저 오리들은 왜 여기에서 둥지를 틀었을까. 저들 삼 형제를 낳고 부모가 세상을 떠났다.

그래서 청둥오리 삼 형제는 나는 법을 배우지 못해 지금까지 날지를 못한다는 전설 같은 얘기만 전해진다. 그러나 그 진위를 확인할 길은 없다.
 처인성을 돌아 물빛공원 호수에 이르렀다. 오리들 소리가 요란하다. 저녁 산책 나온 사람들 바짓가랑이를 물고 늘어지며 쨱쨱거리는 것이다. 사람들은 오리들이 배가 고파서라고 한다. 아니, 배가 고프면 물 속이나 풀숲에 들어가 먹이를 구해야 하지 않을까? 저들을 물속에서 보기는 힘들다. 겨울이 되어 다른 곳에서 날아오는 오리들이 호수를 뒤덮을 때 잠깐 그들과 물에 들어가 있는 것이 전부다.
 주민들이 어른 아이 할 것 없이 이뻐하니 이제는 아주 애완오리가 되었다. 먹이까지 주는 사람들에게 길들인 지가 오래라는 얘기다. 우리나라 대표적인 야생오리이며 겨울 철새인 청둥오리로 이제 텃새가 된 물빛공원 오리 삼 형제는 계절이 바뀌어도 떠나지 않는 것이다.
 겨울이 되어서 수많은 청둥오리들이 날아왔을 때 텃새가 되고 난 후 애완오리까지 되어 버린 우리 청둥오리 삼 형제는 텃세는 부리지 않는 것 같다. 하지만 이제 이곳의 텃새가 된 이상 주인이 되었다는 뜻일 텐데, 그렇다면 주인 의식을 가지고 자신들의 안위와 먹이는 책임져야 하지 않을까?
"얘들아, 이제 홀로서기 해야지?"

『수필문학』 2023년 12월호

어떻게 되지요

아이는 기어이 저희 할아버지 차에 오르는 데 성공한다. 저녁 외식을 하기로 했다. 충주 오두막 골목에 주차한 저희 차가 뒤에 있어 할아버지 차를 막고 있었다. 그래서 저희 차를 타는 것이 유리했다. 그러나 아이는 할아버지 차를 고집해서 저희 차를 이동시켰고 할아버지 차에 타기를 성공한 것이다.

다섯 식구가 탑승한 할아버지 차에 있는 아이의 입은 쉴 틈이 없다. 해가 바뀌자 네 살이라고 열심히 아이의 나이를 입력시킨 우리는 지난 6월 한 달 사이로 '너는 세 살이야.'라고 어이없는 얘기를 하고 있었다. 2023년 6월 28일부터 나이 세는 법이 달라졌기 때문이다. 만 나이 통일법이 시행

된 것이다. 그래서 6월 27일까지 네 살이었던 손자는 이제 세 살로 내려가 1년 더 아기로 돌아가게 된 것이다.

"내가 창문을 열면 어떻게 되지요?" "위험해."

"도착해서 차 문이 얼리면 어떻게 되지요?" "내려야지."

"차 안에 불을 켜면 어떻게 되지요?" "필요할 때 켜는 거야."

요즈음 손자의 질문은 항상 "어떻게 되지요?"로 끝난다. 얼마 전만 해도 끝없이 "이건 뭐야, 저건 뭐야." 물어보던 아이다. 올해 처음 어린이집에 다니기 시작했으니 아마 선생님의 말을 흉내 내는 건 아닌가 싶다.

지난여름 장마로 여기저기 난리가 나더니 장마가 그치고는 폭염으로 또 난리가 났었다. 이제 지구 온난화는 끝나고 지구 열대화에 들어섰다고 한다. 그 와중에 태풍 카눈까지 합세를 했었다.

그런데 난리에 난리가 겹친 그때나 지금이나 이 나라 정치인들은 무엇을 하고 있는지 모르겠다. 언제 어떤 모습으로 또 우리에게 들이닥칠 재난과 위기들을 대비하고 국민들을 지켜낼지 생각이나 하고 있는지 말이다.

손자의 "어떻게 되지요?"라는 물음은 정말 몰라서 하는 말이 아니라 어느 정도 답을 알고서 하는 것이다. 정쟁에 몰

두하고 개인사에 집중하여 국민들은 안중에도 없는 그들에게 우리 손자의 의문문으로 묻고 싶다.

"그렇게 하다가는 이 나라가 어떻게 되지요?"

『수필문학』 2024년 1, 2월호

숲의 솔직한 비밀

숲이 비밀을 만들기 시작했다.

봄이 되었다. 진달래와 벚꽃이 다녀간 산은 이제 그들의 치부를 감추기 시작했다. 비밀을 만들기 시작한 것이다. 숲의 가장 아래층 땅에는 풀들이 숲의 비밀공작에 협조하고, 중간층에 자라고 있는 작은 키의 나무들은 이파리를 펼쳐 시야를 막아주었다. 그리고 높은 곳의 키가 큰 나무들은 더 넓은 잎들로 하늘을 가리기 시작했던 것이다.

숲이 솔직해지기 시작했다.

가을이 되면서 잎을 다 떨군 숲이 환해지자 구석구석 모두 보이기 시작했던 것이다. 자신의 모든 것을 보여준다는 것은 솔직함의 표현 중 하나일 테다. 사람은 아무에게나 솔직하기가 어렵지만, 숲은 그러지 않는다. 공평함의 극치랄까, 어느 누구를 가리지 않고 솔직 겸손한 것이다.

햇살 가득한 달봉산을 오르기로 했다. 숲의 지나친 솔직함의 부작용일까, 수북이 쌓인 낙엽들 때문에 좁은 산길은 많이 미끄럽다. 드디어 넘어지고 만다. 너무 다 내어 보임도 정답은 아닌 것인가.

제29회 한국수필문학가협회 하계세미나(춘천)에서 주제 발표 질의를 하게 되었다. 주제가 「수필의 문학치유적 특성에 대한 연구」였다. 그중 "수필창작을 할 때, 의도적 반추 다음에 해야 할 일이 자기개방을 어느 선까지 할지 정하는 일이다. (중략) 수필가마다 자기개방에 대한 정도의 차이는 있으나, 수필을 쓰려면 자기개방이 우선되어야만 하는 조건은 같다."라는 내용이 있었다.

나의 질의 내용 중 한 가지는 주제 발표 선생님은 수필창작을 하실 때 주로 자신의 모든 것을 드러내는 편이신지 일부분만 드러내시는 편인지에 대한 것이었다. 주제발표 선생님은 "글의 주제에 따라 자기개방의 정도를 달리하고" 있다고 했다. "심리적인 문제와 관련된 경우에는 저를 솔직하게 드러내는 편"이라고도 했다.

나는 그 선생님과 일맥상통하기도 하지만 너무 솔직하여 아무에게나 마음을 여는 겨울 숲을 닮지는 않은 듯하다.

『수필문학』 2024년 3월호

조상님 전(前)에

　작년 2023년 9월 4일 '고향사랑의 날'이 생겼다. 행정안전부는 "고향의 가치와 소중함을 알리기 위해 대국민 공모를 통해 고향사랑의 날을 국가기념일로 지정"한다고 했다. "국민, 중앙정부와 지자체가 모두 참여하며 지역 활성화에 도움을 주는 계기가 될 것"이라는 고향 사랑의 날에는 중심에 '고향사랑기부제'가 있다. 주제가 "고향과 국민을 잇습니다."이다. 고향사랑기부제는 "개인의 현재 주소지를 제외하고 자신의 고향이나 원하는 지방자치단체에 일정액을 기부하여 세액공제 및 답례품 등의 혜택을 받는 제도"이다.
　내 고향은 경북 의성, 외갓집은 안동 하회마을이다. 경기도에서 만난 남편도 안동사람이다. 결혼하겠다고 소개한 사람이 안동 출신이라고 하니 좋아하셨던 것은 설마 엄마도 안동 사람이기 때문만은 아니었을 것이라 믿어 본다.

퇴계 이황의 두 수제자가 있다. 학봉 김성일과 서애 류성룡이다. 이 두 분은 나의 조상님이시다. 아니 정확히 말하면 친가와 외가의 조상이 되는 것이다. 학봉은 안동에서, 서애는 경북 의성에서 태어나셨으나 두 분은 안동에서 성장하셨다. 학봉을 거슬러 올라가 나의 시조는 즉 의성 김 씨의 시조는 김석(金錫)이다. 신라 경순왕 김부(金傅)와 고려 태조 왕건의 장녀 낙랑공주 왕 씨 소생이다. 고려조에서 의성군(義城君)에 책봉된 고려 태조의 외손인 것이다.

1571년 퇴계가 사망하고 두 분의 조상님들도 돌아가신 후 두 집안에 시비가 일었다. 서애보다 4살이 더 많았던 학봉의 후손들(호파)과 관직이 학봉보다 높았던 서애의 후손들(병파)이 누구를 더 높여야 하는지를 두고 대립했던 것이다. 서원에 위패를 모실 때 퇴계의 어느 쪽에 모시느냐는 문제로 갈등을 빚은 호병시비(虎屛是非)였다. 정작 두 분은 생전에 서로를 동문으로 존경하셨다는데 말이다.

호병시비의 여파일까? 호파의 후손이신 아버지와 병파의 후손이신 어머니는 참으로 많이 대립하셨다. 돌아가신 지도 한참이 지난 부모님께서는 지금쯤엔 서로 화합하셨으리라 생각해도 되지 않을까? 조상님들, 이제 호병시비는 마무리되었으나 혹여 다시 후손들이 갈등하더라도 눈감으시고 내내 평안하소서.

『수필문학』 2024년 4월호

안녕하세요, 개조심 씨

"아기예요?"

"아니요, 7살이에요."

저녁 무렵 길을 지나다가 젊은 사람들의 대화에 저절로 눈길이 갔다. 젊은 부부와 젊은 아낙의 대화였는데 정작 질문의 주인공인 '아기'는 보이지 않는다. 젊은 부부의 유아차 안에는 강아지 2마리가 보일 뿐이었다. 그리고 보니 젊은 아낙의 손에 이끌린 '아이'도 강아지였다.

봄이다. 날씨 좋은 저녁이면 완장천 주변과 처인성 가는 길에는 산책하는 사람들로 붐빈다. 모두 가벼운 차림에 지인끼리 가족끼리 삼삼오오 경쾌한 걸음걸이로 활보한다. 그 모습은 예나 지금이나 변함없지만 한 가지 다른 점은 젊은 부부들의 손에는 아이들이 아니라 강아지들의 목줄이 쥐어져 있다는 것이다. 젊은 부부들만이 아니다. 많은 사람들의 산책에 강아지들이 동행하고 있는 것은 이제 흔한 일이 되었다.

"누구의 아내도 아니면서/ 누구의 엄마도 아니면서/ 사랑에 목숨 건 여인아" 이해인 수녀의 시「수녀」의 일부다. 수녀회가 우리나라에 들어온 초기에는 외국 수녀들이 많이 봉사하고 있었다. 그 수녀들은 '개조심'이라는 개조심패를 문패로 알았나 보다. 문을 두드리며 "안녕하세요? 개조심 씨" 하고 인사를 했더란다. 그 무렵엔 지금처럼 많은 개들이 아이들 대신 사람들과 함께 살 것을 생각이나 했으랴. 그때는 아이들의 손을 잡아줄 부모의 손이 모자랄 때가 아니던가.

'출산율 뚝뚝'/ '유치원, 산부인과 폐업'

'2023년 통계 전국의 모든 시, 도에서 1명 미만의 합계 출산율 기록'

'2024년 대한민국의 출산율은 특별한 변수가 없다면 0.6명대로 떨어질 것으로 예측'

한결같이 암울한 수치들로 가득하다. 그럼에도 불구하고 산책길에서 만나는 젊은 부부들이 아이들과 함께 강아지들을 데리고 다니는 모습이 더 많아지기를 바란다면 지나친 욕심일까.

『수필문학』 2024년 5월호

2

소래포구에서 녹우를 기다린다

大烹豆腐瓜薑菜
高會夫妻兒女孫

가장좋은반찬은
두부오이생강나물이고
가장훌륭한모임은
부부아들딸손자손녀이다

清雅 金德林

일상 씨
어디 계세요

    2020년 예산 추사 김정희 선생의 고택을 다녀오면서 책을 두 권 사 왔다. 한 권은 『추사(秋史)의 묵적(墨跡)을 따라 걷다』이고 다른 한 권은 『秋史의 柱聯集』이다. 고택의 기둥에 붙어있는 주련(柱聯) 문구를 사진으로 찍고 주련집까지 손에 넣고 나니 추사의 글씨를 받은 양 뿌듯하기까지 했다.

    大烹豆腐瓜薑菜(대팽두부과강채)
    高會夫妻兒女孫(고회부처아녀손)

    가장 좋은 반찬은 두부 오이 생강 나물이고
    가장 좋은 모임은 부부 아들 딸 손자 손녀와 함께 하는 것이다.

윗글은 작년 11월에 주민자치센터 전시회에 참여한 서예 작품이다. 흔히 '大烹高會'라 불리는 것이다. '대팽고회'는 시(詩), 서(書), 화(畵)에 모두 뛰어난 추사가 세상을 뜬 해인 1856년에 예서로 쓴 대련형식의 작품이다.

본문의 양편 협서(脅書)에는,

  此爲村夫子第一樂上樂(차위촌부자제일락상락)
  雖腰間斗大黃金印食前方丈侍妾數百
  (수요간두대황금인식전방장시첩수백)
  能享有此味者幾人(능향유차미자기인)
  爲杏農書七十一果(위행농서칠십일과)

  이는 촌 늙은이의 제일가는 즐거움이자 최상의 즐거움이다
  비록 허리춤에 말(斗)만큼 큰 황금 인장을 차고 식사 때 앞에
  차려진 음식이 사방 한 길이나 되며 시중드는 첩이 수백 명
  이라도
  이런 맛을 향유할 수 있는 이가 몇이나 되겠는가
  행농(杏農)을 위해 71세의 과천(果川) 노인이 쓰다

라는 내용의 글을 써놓고 있었다. 평범한 일상생활이 가장

이상적이라는 내용인 것이다.

'대팽고회'는 명나라 문인 오종잠의 시 「中秋家宴」의 글귀 중 두 글자를 바꾸어 쓴 것이다. 진나라의 전서체와 한나라의 예서체를 참고하되 이를 독창적으로 재구성한 추사체의 다양성을 보여주는 작품이다. 간송미술문화재단에서 소장하고 2018년 4월 20일에 보물 제1978호로 지정되었다.

일상(日常), 얼마나 소중한 단어인가.

평화로운 일상, 힘든 일상, 더 힘든 전쟁 같은 일상이 있으리라. 우린 몇 년 동안 코로나19로 인해 전쟁 같은 일상을 견뎌왔다. 코로나 일상을 살아왔던 것이다. 그러나 이제는 그 힘든 일상에서 벗어났다. 그런데 전쟁 같은 일상이 아니라 정말 전쟁이 일상이 된 나라가 있다. 작년 2월 러시아의 공격을 받은 우크라이나이다. 러시아 푸틴의 전쟁놀이가 우크라이나 국민들에게 더 이상의 악몽 같은 일상으로 이어지지 않기를 바라지만 현재로선 희망의 기미가 보이지 않으니 큰일이다. 오히려 인류의 재앙인 핵전쟁 이야기가 수시로 뉴스에 오르내리니 무서운 일이다.

그럼에도 불구하고 내 일상은 이어진다. 작년 가을이었다.

10월 마지막 주말 용인 집에서 아침 일찍 출발하여 단양 보발재 단풍을 구경하고 저녁에 충주 집에서 아들, 며느리, 손자와 만났다. 추사 선생이 '대팽고회(大烹高會)'에서 말한 가장 평범한 일상 아니 조금은 특별함을 더한 일상의 아름다움과 행복을 만끽하고 날이 밝았다.

 어제와 같은 평화로운 일상이 기다리고 있을 줄 알았다. 아니 우리 가족으로서는 더 이상 바랄 것이 없는 날이었다. 그런데 지난밤에 끔찍한 일이 벌어졌다. 핼러윈 데이를 앞두고 이태원에 모인 사람들이 수없이 죽어 나간 것이다. 좁은 골목길에 밀집한 수많은 인파가 넘어지면서 대규모 압사사고가 일어났다. 이른바 '이태원 참사'로 불린 대형 사고로 150명이 넘는 인원이 사망하였고 중상자 부상자 등 수백 명이 다친 국내 압사 피해 중 가장 많은 희생자를 내었다. 희생자들이 주로 2~30대 젊은이들로 국민들은 가슴이 아프다. 정부에서는 10월 30일부터 11월 5일까지를 국가 애도 기간으로 선포하고 이태원 상가에서는 영업 중단, 전국의 지자제에서는 축제 취소, 잠정 연기를 하고 군인들의 훈련까지도 취소했다.

 마음이 아팠다. 희생자들이 대부분 우리 아들 며느리 또래이기도 해서 가슴이 더 먹먹하다. 이 소중한 생명들이 어이없게 스러져갔으니 누구를 원망해야 하나. 이웃 도시인 안성과 평택에서는 '이태원 참사 관련하여 심리 상담이 필요한 시민은 정신건강복지센터로 연락 달라'는 안전안내문자를 발송했다. 정말 뉴스 보기가 겁이 나고 가슴이 답답하며 마음도 울적하니 심리 상담이라도 받아봐야 하는 거 아닌가 싶었다. 또다시 실종된 평화로운 일상을 언제쯤 만날 수 있을까 마음이 편치 않았다.

그 뒤 그래도 그런대로 내 하루하루는 안정적으로 흘러가고 있다. 그러나 잔혹한 내란, 참담한 전쟁, 무차별 총기난사, 꺼지지 않는 산불 등 지구 여기저기에서는 평범한 일상을 무너뜨리는 무지막지한 일들이 수없이 일어나고 있다.

일상(日常) 씨, 인자하고 너그럽고 자상하며 그래서 아주 평화로운 일상 씨는 지금 어디 계시는지요.

『선수필』 2023년 가을호
한국수필문학가협회 『2023 대표수필선집』

임시정부와
매헌을 찾아 상해로

- 상해에서 나를 찾다

등단 30주년을 코앞에 두고 고민이 많은 요즈음입니다. 그 수많은 세월 동안 달랑 2권의 작품집을 세상에 내어민 뒤 그 뒤에 숨어 한없이 게으름을 피우고 있었지요. 근래 몇 년은 하 많은 세상사 핑계로 글쓰기를 내팽개치고 말았군요. 특단의 조치가 필요했습니다. 마침 한국수필문학가협회와 월간 수필문학사에서 2019년 6월 14일부터 6월 17일까지 상해역사문학기행을 계획했더군요. 이름하여 「임시정부와 매헌을 찾아 상해로」였습니다.

상해로 가기로 했습니다. 임시정부와 매헌도 찾고 17명의 수필작가들 사이에서 나도 찾으러 말입니다. 내 글을 찾으러 상해를 가기로 했단 말이지요.

아! 상해

드디어 상해에 도착했군요. 먼저 상해 대한민국 임시정부 유적지로 향했습니다. 1919년 3.1운동 이후 1919년 4월 11일에 임시정부가 설립되었으니 100년 전 일이네요. 정부 집무실, 김구 선생 집무실을 비롯하여 침실, 부엌 등 넓지 않은 장소에서 민족 독립의 큰 그림을 그리셨군요. 선조들의 노고에 안타까움과 고마움을 전해봅니다. 여러 선생님들의 표정도 저와 다르지 않아 보입니다.

임정 근처 프랑스 조계동 쪽의 유럽풍 상점 거리, 물가가 비싸다는 신천지를 지납니다. 그리고 카페거리 분수대 중앙의 3신(공부신, 건강신, 재물신) 앞에서 사진도 한 장 찍어봅니다.

루쉰공원입니다. 우리에겐 홍구공원이 더 친숙하지요. 입구에 들어서니 검은 모자에 알록달록한 상의를 입은 연세 지긋한 중국인이 물로 바닥에 뭔가를 쓰고 있네요.

'영원히 기념/ 당대 영웅/ 윤봉길 의사/ KOREA/ 만세/ 박수! 기념관→300m 직진이요'(나올 때는 '안녕히 가세요!/ 다음에 또 오세요!')

라고 쓰여 있었지요.

반듯반듯한 글자체로 쓴 내용에 우리 모두 인사를 건네고 윤봉길기념관 매헌(梅軒)으로 향합니다. 윤 의사는 당일(1932. 4. 29) 김구 선생과 바꾼 한 시간밖에 남지 않은 회중시계를 차고 의거를 행했지요. 그러나 1932년 12월 19일 8개월의 최단기간에 25세의 나이로 사형을 당하였으니 가슴이 아립니다.

기념관에서 표천 선생의 추모시「매헌 윤봉길의사를 추모하노라」마지막 연 첫 행 "아~ 이 통절한 당신의 음성 지금 우리들 귀에 들리는 듯"을 들을 때는 정말 그분의 소리가 들리는 듯했습니다.

상해 최고의 번화가 남경로를 거쳐 병따개 모양의 상해세계금융센터(SWFC)의 100층 전망대에서 화려한 야경에 흠뻑 취해봅니다. 환상적인 야경의 중심에는 지상 468m의 방송탑인 동방명주가 우아한 자태를 뽐내고 있군요. 동방명주는 높다란 기둥을 중심축으로 구슬 세 개를 꿰어 놓은 듯 독특한 외형이 인상적입니다. 이 호사 역시 윤 의사를 포함하여 독립을 위해 몸 바친 선조들의 덕분이려니 하고 어쭙잖은 애국심의 한 귀퉁이를 잡아봅니다.

이별

이튿날, 상해에서 난쉰 가는 길가에 희고 붉은색의 유도화가 끝없이 이어지고 있었습니다. 어제 임정, 윤봉길기념관에서 독립 선조들을 만난 탓일까요. 유도화의 물결이 태극기의 일렁임처럼 느껴지는 것은요.

소연장(小蓮莊)입니다. 구멍이 숭숭 뚫린 기묘한 바위가 위풍당당 서 있습니다. 태호석(太湖石)입니다. 중국 쑤저우 부근 태호 주변에서 생산되어 중국 정원에 많이 사용된다는데 난쉰 5대 정원인 소연장에 어울리는 돌입니다. 중국 근대 개인 도서관인 가업장서루를 돌아보고 강남 수향 옛 저택과 운하를 가로지르는 고진 뱃놀이에 환호하고 항주로 향합니다.

항주 화항관어(花港觀魚)는 500여 그루의 모란꽃과 붉은 잉어 떼로 유명하다지요. 입구 돌벽에 새겨진 화항관어 마지막 글자 고기어(魚)에는 화(灬) 대신 물을 뜻하는 획 3개가 쓰여 있었지요. 강희제가 고기어 밑에 4획을 쓰면 불을 의미하기 때문에 물고기를 불 위에 놓을 수 없다고 여겼다네요. 그래서 고기가 물에서 유유자적하게 헤엄치라는 의미에서 물을 뜻하는 3획만 썼다고 하니 여기서 드는 의문 '강희제는 물고기를 먹지 않았을까.' 하는 것입니다.

다음으로 중국 10대 명승지인 서호(西湖)입니다. 역대 많은 문인들의 사랑을 받았다지요. 소동파가 서호의 아름다움을 노래하면서 중국 4대 미인 서시(西施)에 비유한 것은 유명하지요. 유람선에서 서호 절경의 위엄을 만끽하고 송성가무쇼를 보러 갑니다. 송성그룹에서 거액(80억)을 투자하여 건립한 대형극장에서 매일 펼쳐지는 항주 최고의 문화예술공연이라 했습니다.

"선생님은 안 벗으셔도 될 것 같은데요."

앞자리의 젊은이가 챙이 넓고 큰 모자를 쓰고 앉아 연신 손전화를 조작하고 있었지요. 옆자리의 선생님께서 그 젊은이에게 모자를 벗어 줄 것을 요청해서 나도 모자를 벗었습니다. 애지중지하던 그 모자를 이역만리 타국에 그것도 컴컴한 극장 바닥에 버려놓고 왔다는 자괴감에 저녁 잠자리가 편치 않았군요. 그렇게도 예기치 않은 이별은 찾아오기도 하나 봅니다.

새로운 만남

남이 들으면 코웃음 칠 모자와의 이별에 가슴 아픈 항주의 밤을 보내고 새로운 날이 밝았군요. 다시 상해로 갑니다.

상해의 젊은 예술인 단지인 타이캉루입니다. 사람 마음 간사한 것이 이별한 모자에 대한 마음은 온데간데없이 새 모자를 찾아 헤맵니다. 낯선 거리에서 모자가게는 눈에 띄지 않는군요. 가방가게 동행하신 선생님의 도움으로 모자가게가 어디인지 물으니 가게 젊은이가 선뜻 모자가게로 안내를 해 줍니다. 그곳에서 새로운 모자를 만났습니다. 다행히 잘 어울린다네요. 이별한 모자만큼 마음에 들진 않지만 인정하려 합니다. 헤어짐이 있었기에 새로운 만남이 있지 않았겠는지요. 새로이 만난 모자와 더불어 세계건축박물관으로 불린 외탄 거리와 상해 옛 거리를 거쳐 소주 4대 정원과 함께 강남을 대표하는 명원인 예원(豫園)까지 돌아보았군요.

만났습니다. 이별을 했기에 새롭게 만날 수 있었겠지요. 송성테마파크에서 정든 모자와 이별하고 타이캉루에서 새 모자와 만났지요. 몇 년간의 게으름과 이별하고 글을 쓸 수 있는 힘을 만났습니다. 상해에서 임시정부와 매헌을 만나고 17명의 선후배 사이에서 나를 찾았으니 이제 좋은 글을 많이 써야지요.

아! 상해, 이래저래 잊을 수 없는 곳이 되었습니다.

『수필문학』 2019년 7월호

그래그래

춥다.

계절은 한겨울 속으로 들어와 있고 이제 달랑 한 장 남은 달력엔 송년 모임을 알리는 메모가 빽빽하다. 그리도 많던 시간과 세월의 무게를 덜어내고 가벼워졌던 달력은 지금 그 지난날들을 돌아보느라 오히려 바쁘고 무거워 보인다.

흘러간 시간을 들추고 지나간 일을 돌아본다는 것은 좋았던 것들은 추억이 될 것이고 힘들었던 일들은 아픔이 될 것이다. 추억과 아픔을 아우르는 모든 것은 내 살아온 증표가 될 것이니 어느 것이라도 나에게서 떼어버릴 수가 없다. 그래서 연말이면 각양각색의 사람들을 만나며 한 해를 보내는 성찰의 시간이 필요한지도 모르겠다. 통렬한 자기 성찰은 아니더라도 내가, 우리가 일 년을 어떻게 살았는지 나는, 우리는 어떤 사람인지를 돌아보는 소위 주제 파악이 필요하다는 얘기다.

여기저기 연말모임이 많지만 아직까지, 절절한 아니 가벼운 자기 성찰의 시간마저도 가진 모임은 없었다. 앞으로 12월이 가기 전에 몇 번의 모임이 대기 중이지만 깊이 있는 성찰의 시간을 가질 것 같지는 않다. 그저 먹고 마시고 떠들면서 살아왔던 시간을 떠나보낼 것이다.

그런데 오래전에 가슴을 치는 간절함으로 자기를 돌아본 이가 있었다. 『장자』에 등장하는 불치 병자다. 불치 병자가 밤중에 아기를 낳았다. 그는 급히 불을 들어 아기를 살펴본다. 급히 서두른 까닭은 아기가 자기를 닮았을까 두려워서였다. 신영복 님은 이 구절의 진의를 '각성'과 '엄정한 자기 성찰'로 얘기하고 있다. 자신의 치부가 대물림되지 않았을까 하는 노심초사가 마음을 울리는 절절함이 동반되는 자기 성찰로 이어지는 것이 아닐까 한다.

겨울이 깊은 저녁 8시 '기다리세요.'에 불이 들어온 고해실 앞에서 나는 초조하다. 고해실에 발을 들여놓지 않은 그 시간에는 아직 죄인이기 때문이다. 그러나 '들어오세요.'에 불이 켜지는 순간 가슴이 뛰었다. 이제 수 초 아니 수 분 후면 백옥같이 희어질 것이다. 부끄럽고 오만하기까지 한 그동안의 내 죄는 모두 죄 없는 하느님이 다 떠안아 주실 것이기 때문이다. 아니, 나를 다 용서하시리라는 굳은 믿음이 가슴 깊은 곳에 자리하고 있다.

 천주교 신자들은 의무적으로 일 년에 두 번 아주 깊은 자기 성찰의 시간을 갖는다. '고해성사'라는 절차를 통해서다. '1. 먼저, 지은 죄를 알아내고 2. 진정으로 뉘우치며 3. 다시는 죄를 짓지 않기로 굳게 결심하고'로 이어지는 고해성사의 순서에 따라서 자신을 돌아보고 뉘우치는 시간을 가지는 것이다. 그 절차는 하느님께 대한 믿음이 따라야 함은 물론이다. 나를 믿어주는 사람이 있다는 것은 세상을 살아가는 데 커다란 힘이 된다. 하물며 창조주에 대한 믿음은 그 크기를 헤아릴 수가 없을 것이리라.

 얼마 전 아동센터에서 아이들과 독서 지도책으로 『엄마를 화나게 하는 10가지 방법』을 읽었다. 독후 활동으로 부모님께 가장 많이 듣는 말과 가장 듣고 싶은 말을 알아보았다. 그중 가장 듣고 싶은 말에서 1위로 나온 예시로 '게임 해도 좋아'가 있었지만, 우리 아이들은 '그래'라는 말이라고 해서 깜짝 놀랐었다. '그래'라는 말은 여러 가지 뜻이 있지만, 감탄사로서 뜻은 긍정으로 대표되는 말이다. 누군가를 긍정한다는 것은 믿음과 사랑이 실려야만 가능한 것이다. 아이를 인정하고 한없이 신뢰하며 사랑을 줄 수 있는 부모로서의 '그래'라는 말은 그래서 아이들에게 가장 필요한 말이며 그 아이들이 가장 듣고 싶은 말이 된 것이 아닐까 한다.

얼마 후 고해실을 나서는 나는, 많이 아주 많이 가벼워져 있었다. 나를 돌아본 많은 시간을 통해 얻은 일들을 말씀드렸고 그 일에 대해 창조주의 따뜻한 소리를 들었기 때문이다.

"그래그래"

한없는 긍정과 사랑으로 답해 주신 말 "그래그래, 나를 믿는 너를 믿는다." 집으로 돌아오는 길 한겨울 찬바람에 온기가 돌았다.

『수필문학』 2016년 1, 2월호

더 나은
흔적을 위하여

완장천변엔 작년 연말에 이어 올 2월에 내걸린 경작금지 현수막에 뒤이어 뿌려진 유채가 지금 한창 노랗게 이쁘다. 우리 집 어디에서나 보이는 유채꽃은 내 마음을 환히 밝히고 있다.

그런데 그곳은 작년까지 아파트 주민들 중 일부가 각자 얼마만큼의 천변 땅을 차지하고 텃밭을 가꾸었던 자리다. 13층 우리 집에서 내려다볼 때는 몰랐지만 직접 가서 보니 유채의 성장 상태는 제각각 달랐다. 어느 곳에서는 무성하게 잘 자랐는가 하면 어떤 곳에서는 간신히 가냘픈 꽃대를 유지하고 있다. 왜 그럴까? 꽃씨를 뿌린 용인시에서 거름을 하다 말다 했으려나? 그런 게 아니라 여러 사람이 땅을 가꾸었던 곳이니만큼 주인에 따라 그곳의 영양 상태가 달라진 것 같다. 열심히 땅을 기름지게 한 곳에서 자란 유채는 튼실하고 무성하게 자라 이쁜 꽃을 피웠다. 또 주인이 약간의 게으름으로 땅을 일궜던 곳에서의 유채는 그리 허약했던 것이 아닐까? 내 생각이 맞는다면 천변 농사꾼들의 농사 흔적이 저렇게 적나라하게 나타난 것이 아닌가 싶다.

 천변 유채와 노닐다가 처인성으로 간다. 운동을 나와 처인성을 돌 때마다 꼭대기에서 자꾸 흙이 높게 쌓이고 있는 것이 보였다. 성이라지만 높다랗게 쌓은 성이 아니라 성터만 남아 있는 곳이다. 그래서 이제 성을 다시 쌓으려나 보다 생각하고 올라가 보려는데 안내판이 보인다. 발굴 작업을 하는 중이란다. 저 발굴 작업 또한 그 시절의 흔적을 찾기 위함이 아니던가.

 흔적의 뜻이 '어떤 일이 진행된 뒤에 남겨진 것'이라면 처인성 역시 '고려 역사상 가장 빛나는 승전지'의 흔적이 남아 있는 곳이다. 그곳은 승장 김윤후와 '온전히 지역민들이 스스로 일어나 몽골군의 주력부대를 물리치고 승리를 거둔 대몽항전의 승전지로 역사적 가치가 높은' 곳이다. 아무쪼록 발굴 작업이 잘 끝나고 많은 유물이 나와서 내 고장 선조들의 애국 애민이 더 풍성하게 후손들에게 전해지길 바라본다.

지난 4월 초 텔레비전에서는 이름하여 '파라오의 황금행진'이 중계되고 있었다. 카이로 이집트 박물관에 있던 미라 22구가 금색으로 치장한 차를 타고 새로 지어진 이집트국립박물관으로 향하고 있는 것이다. 옮겨지고 있는 미라는 기원전 16세기의 파라오인 세케넨레 타오 2세부터 67년간 이집트 왕국의 전성기를 이끌었던 람세스 2세, 이집트 최초의 여성 파라오였던 하트셉수트 여왕도 포함되어 있다.

각자 이름이 새겨진 황금색 이송 차량은 고대 파라오가 영면에 들었을 때 무덤까지 미라를 이송하던 고대의 목선을 본뜬 모양으로 화려하기 그지없다. 미라 운구를 위해 이집트는 3년 가까이 공을 들였다는데 새 보금자리에 도착한 뒤에는 21발의 예포를 맞으며 박물관으로 들어간다고 한다. 22구의 미라 역시 이집트 왕국의 흔적이다. 눈이 부신 그들의 흔적은 수천 년이 지난 지금 화려한 현실이 되고 있는 것이다.

이쯤에서 문득 내 흔적에 대해 생각해보게 된다. 나는 무슨 흔적을 남길 것인가? 나뭇잎조차도 엽흔(葉痕)이라는 흔적을 남기는데 말이다. 그래, 내가 살아온 흔적이 몇 권의 수필집에 남아 있고, 30여 년 전 영세 때부터 함께 하고 아들 군대에도 딸려 보냈던 묵주가 있었네. 이 둘은 지금까지 잘 살았다고는 못해도 기도하며 열심히 살았던 내 흔적이니 내가 이 세상 떠날 때 남기고 갈 수도 있지 않으려나.

  내 삶의 흔적에 대한 평가는 내가 유명인이나 역사적 인물은 아니니 역사도 국민도 아닌 내 후손이 할 것이다. 그러니 지금까지의 세월은 어쩔 수 없더라도 앞으로 남은 시간은 더 나은 흔적을 위하여 힘을 낼 일이다.

『농민문학』 2021년 여름호

소래포구에서
녹우(綠雨)를 기다린다

 어제는 비가 내렸다. 오월 중순에 내린 비니 녹우(綠雨)다. 온갖 봄꽃들이 앞다투어 피어나 사람들의 마음을 바쁘게 하던 4월을 지나 짙어가는 녹색으로 한결 차분해진 오월이 중순을 지나고 있다. 내 마음은 올해 시작점의 언저리에서 맴돌고 있는데 시간은 나를 훌쩍 앞질러 오월의 중순으로 달려와 있는 것이다.

 녹우(綠雨)는 신록의 대지에 '성장과 동력의 영양분'을 갖게 해주는 비(雨)다. 그래서일까. 가만있어도 빛나는 계절 오월, 그 계절의 여왕은 어제 내린 녹우에 얼굴을 씻고 매무새를 다듬은 탓인지 오늘 여왕의 대지는 눈이 부시다. 만물이 풍성하고 아름다워 무어 그리 부족함 없어 보이는 계절 오월도 녹우를 기다린 것일까, 온통 푸르른 신록의 더 성숙한 내일을 위하여?

얼마 전 3월을 며칠 앞둔 날, 나는 걷기운동을 나와 소래포구에 있었다. 정확히 말하면 소래포구 해오름광장이다. 바다 옆 아주 커다란 청동 꽃게상 옆에서 여고생 둘이 갈매기와 더불어 맑은 웃음을 흘리고 있는 것을 바라보고 있는 것이다. 때때로 훼방을 놓는 2월의 찬바람 때문에 겨울옷을 입고 목도리로 목을 칭칭 감아 맸지만 이미 내 마음은 봄이다. 갈매기들의 한결 유연해진 날갯짓 또한 이른 봄볕의 영향일까? 아니면 그들을 바라보는 내 마음의 평화로움 때문일까? 수인선 철교 아래 물 나간 해변에 하얗게 모여 있는 갈매기들의 소리도 풀려있고 마침 지나가는 수인선의 덜컹이는 소리마저 정겹다. 그렇게 나는 한낮의 여유로움에 빠져 있다.

내 여유로운 시선은 '소래포구 꽃게'라는 이름을 달고 하늘을 향해 치켜든 집게발의 위용을 뽐내며 앉아있는 꽃게상 주변을 맴도는 강아지에게 머문다. 아니 자세히 보니 제 주인의 다리에 매달리듯 맴을 돌고 있었다. 이름이 '원두'라고 했다. 이른 봄볕에 반짝이는 털은 윤기가 흘렀고 봄바람에 살짝살짝 나부끼는 털에서 맛난 커피향이 번지는 듯했다.

강아지 '원두'는 청바지를 입고 진달래색상의 윗도리에 분홍 고무줄로 머리를 묶은 모습으로 앙증맞은 암컷이 분명했다.

"수컷이야." 주인을 맴도는 '원두'를 따라 돌던 아이들이 "얘 여자예요? 남자예요?" 하고 외치자 주인이 한 말이다. "여자인 줄 알았어요." 아이들의 이구동성이다. 그 소리를 들으며 저 나이 지긋한 남자분은 강아지 '원두'가 장성하여 당신 곁을 떠난 자녀 대신은 아닐까 생각했다. 나 또한 2주 후면 가정을 이룰 달랑 하나인 아들이 떠나가면 대신 언제나 내 곁을 맴돌 저런 이쁜 강아지 하나 들여야 하는 거 아닌가 하는 생각을 한다.

갈매기는 날고 강아지는 뛰고 아이들은 매달리는 꽃게 상을 지나 해변 산책길과 해오름공원으로 향한다. 해오름공원의 늙은 억새가 바다를 향해 손을 흔들고 있다. 비가 와야겠구나! 봄비가 내리면 모든 생물은 움이 트고 싹이 나서 푸르러 지겠지. 그리하여 녹우가 내릴 즘이면 새파랗게 젊은 억새들이 힘찬 손짓으로 우릴 가슴 뛰게 하겠지 했었다.

그 후 막내딸처럼 여겨 달라던 예비며느리는 3월 12일 모든 이의 앞에서 우리 며느리가 되었고 나는 오늘 또 소래포구로 향한다. 어제 봄비 아니 녹우가 내린 탓일까? 인천 소래초등학교 울타리의 붉은 장미꽃이 향기롭고 하얀 찔레꽃이 만발한데 운동장의 아이들 소리는 듣는 이의 마음을 장미꽃, 찔레꽃보다 더 아름답고 향기롭게 한다. 저 아이들도 살다 보면 황금 같은 녹우를 만나 더욱 강해지고 푸르러지고 드디어는 삶의 우뚝한 주인이 되리라.

　소래포구역을 지난다. 평일 오전 수인선을 타고 와 소래포구역에 내린 이들은 나이 지긋한 어르신들이 많다. 등에는 배낭을 메고 손에는 손수레를 끌고 왔다. 저들이 돌아갈 때는 배낭과 손수레는 물론 배까지도 가득 차게 될 것이다. 벌써 일찍 온 손님들은 수인선 다리 밑 긴 의자에서 음식들을 준비 중인데 쓰레기통 옆 가로등 꼭대기에서는 갈매기 참견소리가 요란하다. 그 갈매기 울음은 '준비하신 음식은 맛있게 드시고 앉으셨던 자리는 깨끗하게 정리해 주시며 쓰레기는 분리해서 버려주세요' 하는 잔소리는 아닌지.

　소래포구역을 지나 해오름광장도 지나고 해변 산책길에 들어서니 길 따라 가득한 노란 금계국이 군데군데 피어 환히 길을 밝힌다. 그 꽃의 꽃말처럼 '상쾌한 기분'이다. 지난 3월까지도 누렇던 늙은 억새도 새파란 어린 억새로 세대교체를 끝낸 상태다. 이 또한 '성장과 동력의 영양분'인 녹우의 역할이 아닐는지?

　내 삶에 윤기를 더해주고 촉촉이 적셔줄 그래서 이제 서서히 생기를 잃어가는 나에게 짙푸른 생기를 불어넣을 녹우는 내려줄 것인가. 그 녹우가 내린들 이제 또다시 내 인생이 푸르러질 수 있을까?

　어쨌거나 나는 오늘도 내일도 소래포구에서 녹우를 기다릴 테다.

『수필문학』 2016년 6월호
한국수필문학가협회 『2016 연간대표수필선집』

기역과
니은의 차이

어제는 입춘이었다.

입춘대길(立春大吉) 건양다경(建陽多慶)은 많이 쓰이는 입춘첩(立春帖)이다. 거천재(去千災) 래백복(來百福)은 온갖 재앙은 가고 모든 복은 오라는 뜻이다. 그 외에도 많지만 국태민안(國泰民安) 가급인족(家給人足)은 나라가 태평하고 백성이 살기가 평안하며, 집집마다 살림이 넉넉하고 사람마다 풍족해 살기가 좋다는 뜻이다. 코로나19로 만신창이가 된 자영업자들의 눈물이 가득한 이 시대 이 나라에 써 붙이고 싶은 입춘문(立春文)이지 싶다. 그러나 아무 입춘첩도 준비하지 못하고 그만 입춘을 맞았다. 서예를 시작한 지 몇 년, 올해는 입춘첩을 그럴듯하게 써 붙여 보리라 하였건만.

그런데 입춘을 맞아 입춘첩의 글귀처럼 덕담은커녕 손전화에는 중대본을 비롯하여 경기도청, 평택시, 안성시에서 보낸 안전안내문자만 빗발친다. 폭설이란다. 저녁부터 아침까지 많은 눈이 올 터이니 퇴근 시간과 출근 시간에 안전에 주의하라는 문자이다. 아니나 다를까. 저녁이 깊어가니 많은 눈이 정신없이 내린다. 입춘 축하 눈이려나?

 지난밤 폭설의 흔적은 아름답다. 아니 걱정이다. 또 위험하다. 자동차들이 지나가는 큰길에 녹기 시작한 눈은 지저분하기까지 하다. 집과 사업장이 먼 탓에 어젯밤부터 아침 출근길을 걱정하던 남편은 오늘 아침 서둘러 집을 나갔고, 그 뒤에서 성호를 그어가며 배웅을 했는데 잘 도착했는지 연락이 없다. 그는 항상 무소식이 희소식인 사람이니까.

 오후에 산책을 나간다. 햇빛을 받아 반짝이는 하얀 눈밭은 내 오염된 마음을 씻어내기에 충분하다. 분홍 옷을 입은 작고 뽀얀 강아지는 그 옛날 우리처럼 하얀 눈을 먹으며 종종종 지나친다. 아파트 6단지 옆 공원에서 산으로 가는 나무계단을 오른다. 눈 쌓인 길이 미끄러우면 어쩌나 하는 것도 잠시 누군가가 눈을 쓸어 한 사람 다닐 만한 길을 만들어 놓았다. 계단을 지나 산길까지도 눈을 치워 놓은 것을 보고 감사하며 길을 간다.

　남사스포츠센터와 한숲중학교 사이 육교를 건너 한숲무지개 어린이 공원에 이르니 아이들과 부모들이 많이 나와 북적인다. 또 그 옆에는 일곱 난쟁이가 각각의 천진한 모습으로 눈밭에서 백설공주를 따르고 있는 공원이 있다. 산과 이어져 있는 공원엔 아이들이 눈썰매를 타느라 정신이 없다. "간~다." 아이들의 외침이 경쾌하다.

　그런데 경사진 곳이 아닌 평지에서 두 자매를 눈썰매에 태운 아빠의 말은 사정에 가깝다. "아무도 여기에서 안 타는 데에는 다 이유가 있는 거야." 아이들은 아빠의 간절한 목소리에도 눈썰매에서 내릴 생각을 않는다. 젊은 아빠는 잘 움직이지 않는 아이들의 눈썰매를 힘들게 끌어 본다. '그래, 지금은 자식을 위해 살 만하지.'

　공원을 지나 산을 넘어 아파트 단지를 벗어나 처인성으로 간다. 처인성은 '고려 역사상 가장 빛나는 승전지'로 우리 아파트가 건너다보이는 곳에 있다. 1232년 8월 몽골은 강화 천도를 빌미로 살리타를 원수로 삼아 고려를 침공하였다. 살리타는 남한산성을 공격하였으나 함락시키지 못하자, '새로운 공격 루트를 모색하기 위해' 내려오다 당시 처인부곡에 이른다. 이때 처인성에는 백원현의 승려였던 김윤후가 부곡민을 이끌고 있었다. 처인성 전투는 1232년 12월 김윤후가 부곡민과 함께 적장 살리타를 사살하고 승리한 전투다. 옛날 역사책에서 보았던 승장 김윤후의 활동지가 여기였다니 역사의 현장에 선 감회가 새롭다.

처인성 앞 주차장에도 눈밭으로 손자를 데리고 나온 노부부가 있다. 눈썰매를 태우다 손자를 넘어뜨린다. 그래도 할아버지는 최선을 다한다. 그 옆에서 할머니는 사진을 찍고, 대를 이어 자식을 위하는 모습이 아름답고 안쓰러운 건 내 지나친 감상일까. 여기 처인성에서 희생된 이들도 결국은 자식들 더 나아가 후손들을 위한 것이 된 것인즉.

성을 한 바퀴 돌아 다시 아파트로 향한다. 여기다. 처인성 사장터(射將址), 몽골 장수 살리타이가 성 안에서 날아온 화살에 맞아 죽은 곳이다. 올해 개교하는 처인고등학교와 저류지(貯留池) 사이의 한숲물방울 공원에 있다. 처인성에서 목숨을 내놓고 싸운 김윤후 장군과 처인부곡민들을 비롯하여 우리 모두는 자신을 위해 자식을 위해 또 남을 위해 살아왔고 살아가고 있다.

아침 텔레비전에서 70대가, 있는 것이라곤 집 한 채 있는데 아들이 자신에게 증여하면 생활비를 대겠다고 한다며 주택연금을 들까요, 자식에게 줄까요? 상담을 한다. 전문가가 하는 말 "자식을 위해 살지 말고 자신을 위해 살라."고 조언한다.

'자식'과 '자신'은 'ㄱ'과 'ㄴ'의 차이지만 실상 큰 차이는 아니지 싶다. 자식을 위하는 것이 부모의 인지상정, 문제는 자식만을 위하는 것이 아니겠는가. 난 모두를 위해 살고 싶다.

『수필문학』 2021년 3월호

축제로다 잔치로다

　축제가 한창이다. 작은 나라가 온통 축제로 들썩인다. 그중 한 곳 강원도 영월 난고 김삿갓 문학관이다. 김삿갓 문학관은 영월군 김삿갓면에 있다. 그곳에는 난고 김삿갓의 생애와 문학세계를 볼 수 있다. 또 김삿갓의 생애 연구에 일생을 바친 정암 박영국 선생의 김삿갓 연구 자료 등이 전시되어 있다.

　9월 말 문학관 앞마당에서 열리는 '김삿갓 가을 음악회'를 보고 왔다. 7080세대 가수들이 여러 명 출연하는 음악회인지라 해가 저물면서 쌀쌀한 기운이 감도는 날씨가 걱정됐지만, 노래를 듣고 오기로 했다. 출연자 중 자칭 종합예술인 가수는 「김삿갓」이라는 노래로 산골짜기를 울렸다. '과거에서 조상을 욕한 죄로 하늘이 부끄러워 삿갓 쓰고', '이름도 버려 가정도 버려 욕심도 버려', '김삿갓 김삿갓 나는 좋아 김삿갓'으로 이어지는 노래다. 그 노래를 들으며 과연 난고는 지금 어떤 생각을 할까 도포 자락 휘날리며 춤이라도 출 것인가, 모든 것을 버린 그때처럼. 난고는 춤추고 나는 노래하고 그러다 그의 도포 자락 부여잡고 묻고 싶은 말은 당신은 진정 자유로웠냐는 것이다. 그렇게 잠깐 망상에 잠겨본다.

9월 10월이 되면서 바쁘기는 나도 마찬가지다. 전국이 축제로 요란한 것처럼 나도 마음이 바빴다. 9월 친정아버지의 기일을 시작으로 10월 16일, 22일, 25일엔 시부모님과 친정어머니의 기일이 있었고 10월 5일, 15일엔 남편과 아들의 생일이 자리하고 있었다. 그야말로 축제다. 축제라는 뜻이 '축하하여 벌이는 큰 규모의 행사'를 뜻하기도 하지만 '축하와 제사를 통틀어 이르는 말'이라는 뜻도 있으니 말이다. 우리집의 경우 후자의 축제라고 할 것이다.

지금 우리나라 전국은 축제 중이다. 인터넷에 '축제'를 치니 10월에만 70여 개의 축제가 진행 중이라고 나왔다. '문체부의 2014년 조사에 따르면 전국의 축제는 555개에 이른다'

고 한다. '그나마 2012년 758개에 이르는 축제가 난립하자 지원금을 줄이는 등으로 제한해서 숫자를 줄인 것'이라고 하니 우리나라 축제의 수가 많긴 하다. 그러나 문체부의 기준을 충족하는 숫자가 이 정도라니 그렇지 못한 축제까지 포함하면 '약 800개에 이른다'고 한다. 그래서 누군가는 '축제 공화국'이라고도 했다. 지방 자치 단체들이 예산을 낭비하는 식으로 무분별하게 축제 행사를 벌이는 현상을 비판하여 이른 말이다.

이런 와중에서도 안타까운 것은 경기도 양주의 천일홍 축제가 9월 말에 조기 폐장되었다는 것이다. 올해 가보고 싶었던 축제인데 ASF 즉 아프리카돼지열병 때문이었다. 그 병은 아프리카 케냐에서 1910년 발견된 이래 유럽을 거쳐 아시아 일대까지 전파되었다. 이 병에 걸린 돼지는 고열과 호흡곤란을 거쳐 일주일 만에 대개 사망한다. 양주뿐만 아니라 경기 북부 자치 단체는 대부분 행사를 취소, 축소, 연기했다는 것이다. 지난 9월 경기 파주에서 처음으로 발생되었기 때문이다. 그보다 더 안타까운 것은 축제 때 상에 올라야 할 돼지들이 산 채 땅에 묻히고 있는 상황이다. 병의 전염을 방지하기 위해서인데 사람에게나 짐승에게나 못할 노릇이다. 또 우리 성당의 전 신자 성지 순례가 취소되었고 내가 다니는 주민자치센터 작품발표회 및 전시회가 무기한 연기되었다. 그러나 다행히 아직까지는 전국적으로 번지지는 않아 다른 지방의 축제는 예정대로 진행 중이다.

축제 축제 하다 보니 이 축제라는 단어가 일본어 투 한자어라고 한다. 이 말은 '마츠리'라는 일본 단어에서 나온 말이다. '祭가 일본어로 축제를 뜻하는 단어'인데 '제사를 지낸다는 뜻의 마츠루(奉)에서 파생된 단어'이다. 이것은 '손을 들어 제물을 바치고 있는 모습을 의미'한다. 그래서 일본에서는 3대 '마츠리'가 있다. 게이샤 축제인 교토 기온 마츠리(祇園祭)를 비롯하여 도쿄 칸다 마츠리(神田祭)는 3일간 20만 명 이상이 참여하는 일본 관동지방 최대 축제이다. 다음으로 오사카 텐진 마츠리(天神祭)로 규모로는 일본 최대 마츠리인데 30만 명 가까이 보러 간다고 한다.

이러한 일본어 투 한자어인 '축제'라는 단어는 국립국어원에서 발간한 『일본어 투 용어 순화 자료집』에서도 한자어로는 '축전(祝典)'이나 우리말로는 '잔치'로 순화하여 올려놓았다. 아무튼 축전도 좋고 우리말인 잔치는 더 정겹다. 나는 내년에도 태어날 손자의 출생과 백일 등 잔치로 흐뭇할 것이며 삶과 죽음이 동전의 양면 같듯이 3대의 생일과 기일이 함께하는 가을에는 축제 즉 축하와 제사로 여전히 바쁠 것이다.

『농민문학』 2019년 겨울호

유채야, 부탁해

충주 우리 오두막, 오랜만이다. 왜 이렇게 오랜만이냐는 이웃의 물음에 난 무슨 무용담처럼 갑상선 두 개를 다 떼어낸 얘기를 한다.

작년 8월 코로나19에다가 의사들의 파업까지 겹쳐버렸다. 수술 일정이 미뤄지면서 마음고생을 했다. 그 얘기에 저절로 목소리가 커진다. 그러지 않아도 힘든 수술인데 겪지 않아도 될 곁가지 상황에 난감했던 기억은 저절로 내 목소리에 힘을 실었던 까닭이다.

작년에 충주 손바닥 밭에 해마다 하던 고구마 농사를 쉬고 그 자리에 콩을 심었다. 수술 후 장거리가 힘들어 자주 못 간 탓에 콩대째 창고에 보관하고 해를 넘겼다. 남편이 미뤄뒀던 콩 타작을 하고 난 그 콩알을 주워 담는다. 2월을 보내면서 마지막 날 이제야 작년 결실을 거둬들이고 있는 것이다.

내가 작년 뒤치다꺼리에 분주한 사이 벌써부터 미리 올봄을 준비하는 이들이 있었다. 산수유꽃이 막 얼굴을 내밀고 있었고, 진달래가 언제 터질지 모르는 꽃잎을 부여잡고 있었다. 아들 결혼기념 식수로 우리 집에 온 명자나무도 꽃망울들을 오종종 매달고 자태를 뽐낼 날을 기다린다. 또 땅을 뚫고 올라오는 수선화의 노력도 이쁘기 그지없고 곧이어 10년 전 언덕에 심은 개나리도 금방 우리 집을 환하게 밝히리라.

촉촉하다. 봄비가 왔다. 봄비는 메마른 땅을 위로하며 밤새 열심히 제 할 일을 해놓았다. 이제 모든 농부는 농사를 준비해야 하는 시기다. 그런데 올봄 농사를 준비조차 못하는 사람들이 있다. 완장천변의 임시 농사꾼들이다.

작년 연말이다. 집에서 내려다보니 완장천변에 현수막이 펄럭인다. 운동 삼아 하천변을 걷다가 현수막을 읽어본다. "하천 구역 내 불법 경작 금지 및 강제 철거 안내 적발 시 하천법 37조 및 95조 규정에 따라 변상금 및 벌금부과 대상. 2021년 1월 28일까지 철거 안 될 시 강제 철거 예정."

구청에서 설치한 경고문이다. 3년여 전 이곳에 대단위 아파트가 들어서고 각지에서 몰려든 주민들은 완장천변의 금싸라기 땅을 그냥 버려두지 않았다. 알뜰살뜰 땅을 일구고 씨를 뿌렸고 이것저것 농작물을 길러 왔었다.

경고문을 담은 현수막이 완장천을 따라 얼마간 펄럭이더니 2월 초 굴착기 한 대가 강제 철거에 나섰다. 그 집행의 흔적은 3년여 세월 심고 씨를 뿌려 가꾼 이들의 아우성처럼 흩어져 있었다. 햇볕이 뜨거운 날 잠시 앉아 쉬었을 의자는 나뒹굴고 비닐 끈, 장갑, 스티로폼, 또 정성스레 농작물에 물을 주었을 물통과 바가지 등이 어지럽다.

또 얼마의 시간이 흘렀을까. 다시 현수막이 펄럭인다.

'경작금지 〈유채꽃씨 파종〉 하천법 제 37조 및 제 95조 규정에 따라 하천 내 경작을 금지합니다.'

뒤이어 아파트에서도 경작금지 안내방송을 한다. 농사가 쉬운가. 더구나 내 땅 아닌 곳에서의 농사는 더 어려울 테다.

이제 유채가 해 줄 수 있을까. 하천변에 각종 농작물을 길렀던 사람들의 허전함, 올봄을 위해 두었던 씨앗들의 갈 곳 없음, 그 씨앗들을 뿌리지 못하는 사람들의 아쉬움을 달래줄 수 있을까, 유채는.

그럼에도 불구하고 난 가슴이 설렌다. 머지않아 완장천변을 노랗게 물들일 유채꽃을 기다린다. 그들이 생각만으로 내 마음을 이리 환하게 만드는 것처럼 이제는 천변에서 농사를 짓지 못하게 된 사람들도 위로할 수 있기를 바란다.

유채야, 부탁해.

『농민문학』 2021년 봄호

마포로 간 황조롱이

'우리 집에 손님이 왔다 갔어요.'라는 내용과 함께 아파트 베란다 난간에 걸터앉아 시내를 내려다보고 있는 이름 모를 새의 사진 4장이 까똑 소리와 함께 마포에서 도착했다. 사진을 보낸 이는 자신의 집을 찾아준 새의 신상이 궁금하다고 했다.

스마트폰에서 Google Lens를 켰다. 거기에서는 순식간에 내가 원하는 정보를 가져다 바친다. 좋은 세상이다. '새 전문가에게 물어보고 싶어요.' 하던 지인에게 그럴 필요 없다고 얘기하고 싶다. 검색 결과는 황조롱이었다.

황조롱이는 매과에 속하는 맹금류이다. 우리나라 전국적으로 흔히 관찰할 수 있는 텃새이나 주로 해안이나 강가 산림에서 번식하는 새이다. 그러나 최근에는 도심의 아파트 베란다, 빌딩의 옥상 등지에서 많이 관찰되고 있다. 천연기념물 323-8호로 지정된 황조롱이는 맹금류 중에서 유일하게 도시 환경에 적응했다는데 왜 이 새는 도시로 가게 되었을까. 이유는 환경변화로 인한 서식지의 감소와 천적으로부터 알과 새끼를 보호하기 위함이며 둥지를 짓지 않는 황조롱이의 습성 때문이다.

이렇게 순식간에 의문을 해결하는 구글 렌즈는 2017년 구글이 발표한 기능의 하나로서 시각 분석을 사용하여 관련 정보를 가져오도록 설계되어 있다. 손전화의 카메라를 물체에 갖다 대면 물체의 식별을 시도하고 관련 검색 결과와 정보를 표시한다. 이미지, 사물, 텍스트 인식, 식물, 상품, 번역, 쇼핑, 장소 등을 스마트폰으로 비추면 검색해 주는 편리한 기능인 것이다.

가끔 운동 중에 나무들이나 꽃들의 이름이 궁금할 때면 전화기를 들이댄다. 어제도 빨갛게 익은 열매들을 매단 나무의 이름이 궁금하여 얼른 구글 렌즈를 켰다. 구글 렌즈는 내게 산딸나무라는 결과를 보여준다. '아, 너였구나.' 봄에 십자 모양의 하얀 꽃이 피었을 때는 산딸나무를 쉽게 알아보았는데 가을이 되어 열매를 달고 있으니 낯설었던 것이다.

 산딸나무는 목질이 단단해서 예수님의 십자가 형틀을 만들었던 나무이다. 6월에 피는 하얀색 네 장의 꽃잎이 십자가 모양이라 십자화 나무라 불리기도 한다. 하지만 그 네 장의 꽃잎은 사실은 꽃받침이다. 꽃잎은 바로 열매에 많이 나 있는 돌기가 모두 작은 꽃잎이 있던 자국이었던 것이다. 꽃받침이 꽃보다 커진 이유는 곤충의 눈에 띄어 꽃가루를 옮기도록 하여 후대를 기약하기 위함이다. 이파리가 산수유를 닮아 헷갈리지만, 꽃이나 열매를 보면 확연히 구별할 수 있다. 전부터 심고 싶었던 나무인지라 내년 봄에 충주 오두막에 심을 나무목록에 산딸나무를 추가한다.

 이렇게 인간들은 나날이 편리한 기능에 수월하게 살아가고 있다. 그러나 도시로 간 황조롱이는 어렵게 보금자리를 마련했더라도 역경을 헤쳐 나가야 한다. 위험요소를 피해 복잡한 빌딩숲 사이를 날아다니며 먹이를 찾아야 하는 것이다. 그러다가 투명한 유리창을 넘지 못해 그대로 부딪히면 죽음에 이르기도 한다니 안타깝다.

 도심에 적응한 황조롱이일지라도 사람들 틈에서 힘든 더부살이를 하여 새끼를 키워내기가 얼마나 힘들 것인가. 더~

더~ 더 편리함을 추구하여 황조롱이를 도시로 내몰았으니 미안하다. 마포 황조롱이의 안전을 바라본다.

『진주남강문단』 2023년

한숲에서 푸르게 살기

　용인 한숲시티에 살고 있다. 한숲은 큰 숲이라는 뜻이니 이름처럼 숲이 많다. 사방에 어산, 십자봉, 효제봉, 병봉산, 함봉산, 달봉산, 조리봉, 꽃골고개, 개미고개 등의 산들이 둘러싸고 있는 곳이다. 여러 숲과 함께 7천여 세대가 생활하고 있는 숲세권 아파트인 것이다. 또한, 우리 집 앞으로 펼쳐진 들판과 완장천변의 풍경은 숲세권 아파트의 훌륭한 일원이다.
　아파트 2단지를 지나 중동1교를 건너 수령 800년의 보호수 느티나무가 있는 동네를 지나며 둘레 5.9m에 수고 21.5m를 지닌 나무의 모습에 경의를 표한다. 그리고 옆 동네 우리 아파트도 지켜 주십사 하고 부탁해본다. 느티나무를 지나 올라가면 완장저수지가 근처 논농사의 소중한 생명줄을 담고 있다.

숲세권 아파트 용인 한숲시티에는 산을 이웃한 공원이 세 개, 물을 옆에 두고 있는 공원이 두 개 있다. 이름을 가지고 있는 곳이 그렇다는 것이고 사실은 주변 모두가 공원이다. 그래서 다섯 곳의 공원 탐방을 떠나고자 내가 사는 6단지에서 출발한다.

먼저 햇빛공원에 있는 팔각정자의 안내를 받아보자.

"우리 햇빛공원은 6단지와 남사스포츠센터 사이에 있어요. 아이들 소리 가득한 남곡초등학교도 이웃해 있지요. 6단지에서 운동기구와 휴게데크를 지나 새소리를 따라 산을 오르면 팥배나무가 하얀 꽃을 매달고 환하게 인사해요. 지난 4월에는 벚꽃나무가 먼저 하얗게 웃고 있었지요. 숲속 산책길을 걸어가면 중앙에 팔각정자 주변에 널찍한 잔디밭과 공원등(公園燈)이 설치돼 있어요. 숲속 산책길 끝 스포츠센터 옆에는 물놀이장겸용 어린이놀이시설이 있지요. 그곳은 평상시에는 놀이터로 여름에는 물놀이로 아이들의 웃음소리가 끊이지 않는답니다. 그리고 가을에 밤을 내어주는 밤나무와 도토리를 떨어뜨리는 참나무를 비롯하여 여러 나무가 힘을 모아 주민들의 그늘이 되고 그들의 산책길에 벗이 되고 있지요."

다음은 산내음공원 멋쟁이 파랑새의 자랑을 들어보자.

"산내음공원이에요. 햇빛공원에서 스포츠센터를 지나 육교를 건너오세요. 육교 끝 오른쪽에는 중학교가, 왼쪽에는 유치원이 있고 중앙에는 무지개어린이공원이 있어요. 미끄럼틀, 그네, 시소, 흔들 놀이 등이 아이들의 손길로 분주하지요. 그 옆 백설 공주와 천진난만한 얼굴과 각기 다른 자세로 백설 공주를 따르는 일곱 난쟁이는 언제 봐도 재미있어요. 어린이 공원을 지나 산으로 오르면 오른쪽에 줄지어 서 있는 자작나무가 5월의 때 이른 따가운 햇볕을 막아주고 있어요. 자작나무길이 끝나는 곳 공원등(公園燈) 2B-6, LP-A를 지나 오른쪽 정상을 향해 돌아 30여 걸음 가면 산책길과 맞닿은 곳에 있는 참나무 연리목을 만나요. 십 수 미터 키의 두 나무는 그 키의 절반 정도 높이에서 서로 만나 한 몸이 되었어요. 공원등 1A-2, LP-A가 마주 보고 있지요. 여기에도 여러 종류의 나무가 있지만 가을이면 나뭇잎 위로 툭툭 떨어지는 도토리에 주민들의 손길이 바쁘답니다. 에이, 좀 남겨주시지. 다람쥐도 먹고살게. 숲속 산책길을 내려오면 잔디밭에는 빙 둘러 자리한 파랑, 노랑, 연두색의 새 모양 조형물이 있어요. 저(파랑새)는 금방이라도 하늘로 날아오를 듯한 모습이지요."

세 번째 산을 옆에 두고 있는 하늘공원 야영데크의 설명이다.

"하늘공원은 5단지 후문 앞에 있답니다. 넓은 잔디광장에는 운동시설, 긴 의자, 그늘막, 그네, 화장실, 주차장, 팔각정자, 그리고 주민들이 텐트를 치고 쉴 수 있는 야영데크까지 있어요. 또한 등산로 입구가 있는데 십자봉까지 거리가 2km, 어산 정상은 1km가 된다네요. 아참, 어산가는 길을 오르다 보면 가끔 청설모가 깜짝 인사를 하기도 해요. 숲속 산책길을 돌아 내려와 생태교 위에 서면 물빛공원 호수가 아름답게 반짝여요. 그리고 생태교를 건너기 전에 자리한 데크 옆의 언덕에는 머지않아 금계국이 노랗게 꽃을 피울 거예요. 산책길의 주민들 마음이 온통 환해진답니다."

물빛공원이다. 철새에서 텃새가 된 3마리의 청둥오리야 공원안내를 부탁해.

"오리1, 오리2, 오리3 - 지난겨울 수많은 오리들이 복작이던 호수에 이제 저희만 남았네요. 한겨울 추위에 호수가 얼었을 때 호수를 비웠더니 어디를 다녀왔네, 아니 쟤들은 살이 쪄서 못 날아 등 사람들은 말이 많았지만 진실은 말 못해요. 저희가 살이 쪄서 좀 뒤뚱거리긴 해요. 겨울 호수에 모인 오리들 중에서 가장 덩치가 컸으니까요. 그렇지만 더 이상은 모른 척해 주시면 고맙겠어요. 몇 년을 여기서 살다 보니 주민들의 사랑이 대단하답니다. 먹이를 가져다주시는 분도 계시고요. 넘치는 사랑에 늘 감사해요.

오리1- 물빛공원은 5단지와 도서관 앞에 있어요. 그래서 호수 주변 산책길과 도서관 앞 의자에는 늘 사람들이 북적이지요.

오리2- 그뿐인가요. 생태교(하늘공원과 이어진 다리)와 호수로 이어지는 개울엔 노랑꽃창포가 얼마나 이쁜지요. 또 호수 주변 언덕엔 지금 샤스타데이지가 가녀린 목으로 하얀 꽃을 받치고 있어요. 그 청순한 모습에 사랑하지 않을 수 없답니다. 이들이 물러나면 온갖 꽃들이 제 차례에 따라 피고 지고를 하면서 사람들을 흐뭇하게 하지요.

오리3- 호수에서 시원하게 물을 뿜어 올리는 분수도 빼놓을 수 없어요. 화려하고 요란한 음악분수는 아니지만 소박한 물줄기는 충분히 매력적이에요. 그리고 호수 물가 둘러서 있는 노랑 창포는 호수를 밝히는 등불 같군요. 호수 울타리 옆으로 쭉 심어진 나무수국은 7~8월을 기대하게 해요. 그리고 주변 긴 의자와 그늘막은 호수를 바라보고 분수를 감상하며 담소를 나누기에 아주 좋지요."

끝으로 물방울 공원에서 승장 김윤후 장군의 공원 소개를 들어본다.

"고려시대 처인성에서 몽골군과 싸워 이곳을 지켜낸 김윤후 장군이오. 이곳이 그때 우리가 목숨을 내놓고 치열하게 싸웠던 곳이라고 상상할 수 없을 정도로 변했지만 저 처인성이 남아 있어 어렴풋이 그 시절을 생각해볼 수 있겠소. 고려 역사상 가장 빛나는 승전지인 처인성을 마주하고 물방울공원이 생겼구려. 또 그 옆에는 처인 고등학교가 있고, 처인성과 물방울공원 사이에는 처인성역사교육관이 한옥으로 지어져 위엄 있게 서 있구려. 우리 승리의 자취가 남아 있으니 한 번씩 들러 우리를 기억했으면 하오. 고려시대 몽골군에 맞섰던 처인부곡민과 그들을 이끌고 대승을 거뒀던 나(김윤후)를 말이오. 아, 여기로군. 물방울공원에 있는 처인성 사장터(射將址). 여기에서 몽골장수 살리타이가 성 안에서 날아온 화살에 맞아 죽은 곳이지. 이렇게 후손들이 우리를 기억하고 있으니 보람이 있어 흐뭇하오."

이렇게 다섯 곳의 공원을 소개받았다. 우리 동네는 화려하지 않아 더 이쁘고 정겹다. 요새 별점투표가 유행하던데 우리 동네에 별점을 준다면 최고점인 별이 다섯 개다. 역세권

학세권 모두 좋겠지만 숲세권으로 아름다운 이곳이 나에게는 단연 으뜸으로 별이 다섯 개이니 이곳에서 늘 푸르고 싱싱하게 살고 싶다.

『진주남강문단』 2022년

3

내가 아직도 그 남자를 만나는 이유

넌 이름이 뭐니

새벽이다.

창을 두드리고 있다.

잠이 깨었다. 누굴까, 이 새벽에.

방을 나와 이곳저곳 살피는데 소리가 난 곳은 욕실이다. 아직 해뜨기 전 이른 아침에 작은 욕실의 50미터 정도의 작은 창문을 온몸으로 두드리는 자그마한 새가 있었다. 저 새에게 무슨 급한 일이 생겼을까. 왜 저리 다급하게 절절하게 창문을 파드득이며 오르는 것인가.

어제 충주에 와서 당귀, 잔대, 더덕을 심고 날이 어두워져 작년에 받아둔 꽃씨들을 파종하려다 내일로 미루고 잠이 들었다. 혹여 저 새는 씨 뿌리고 땅을 일구는 일이 해가 중천에 뜨고 난 다음 일어나는 게으름으로는 어림도 없다는 것을 알리려 왔을까. 마당을 가로지르는 다른 새들과 달리 저 조그마한 새는 주말 농부의 어리석음, 나태함을 일깨우려 창을 두드리는 것은 아닌지.

새들이 창문에 부딪히는 이유는 투명한 유리가 존재하지 않는 줄 알아서라고 한다. 그래서 쌩 날아 부딪쳐 기절하거나 심지어 죽는 새들도 있다고 한다. 그런 이유로 녹색연합에서는 조류충돌방지스티커 붙이기 운동을 하고 있었다. 그러나 지금 우리 욕실 작은 창은 없다고 느끼기엔 무리가 있다. 그 새는 작은 유리창에 어쩌다, 지나가다 부딪치는 것이 아니라 기를 쓰고 유리창을 기어오르며 타닥타닥 소리를 내고 있는 것이다. 그것도 한 번이 아니라 여러 번을 거듭하고 있다.

해가 떴다. 이제 할 일을 마친 듯 새는 조용하다. 어디로 갔을까. 내일도 와서 창을 두드리려나? 내일은 내가 여기 없는데. 빈집에 노크하지 말고 다음 주에 보자꾸나. 근데 네 이름이 뭐니?

눈을 떴다. 아니 눈이 떠졌다.

'설마 세 시는 아니겠지?'

새벽 세 시다. 정확히 3시 8분이다. 어찌자고 나의 뇌는 이 시간에 깨어나는가. 용인 집에서 가끔 잠이 깬 시간이 세 시일 때는 가슴이 철렁 내려앉는다. 그 시간부터 잠을 못 잔다는 것을 아는 까닭이다. 나는 그때부터 보이지 않는 온갖 것들의 창을 두드리기 시작한다. 이 생각 저 생각으로 각성된 머리는 편안한 잠을 허락하지 않고 7~8시간의 평균수면시간을 동강내버리는 것이다. 다음 날 하루는 불균형의 시간으로 균형 있게 흘러가지 않는다. 모두가 잠든 이 시간에 홀로 깨어 이 세상 모든 것에 휘둘리는 또 다른 나는 누구란 말인가.

너는 누구이고 나는 또 누구일까.

엄연히 존재하는 유리를 없는 것처럼 와서 부딪치는 너. 보이지 않는 유리를 군데군데 스스로 세워 놓고 이 세상에 자꾸만 충돌하는 나. 우리는 모두 이 세상에 존재하는 미미한 것들이라 단정하면 많이 서글플까. 그러나 어쩌랴, 그것이 사실일지도 모르는데.

너와 나, 우리 모두 힘내서 살아보자.

『진주남강문단』 2022년

내가 돌아갈 계절

 오늘은 여름의 마지막 날 8월 31일, 내일이 9월 1일이니 가을의 첫날을 앞둔 경계에 있다. 경계란 넘을 수 있는 것도 있지만 넘어서는 안 되는 것도 존재한다. 물론 지금 계절의 경계야 얼른 넘어서고 싶은 것일 테다. 8월 초 중부지방에 80년 만에 기록적인 폭우가 내렸다. 서울 곳곳이 물에 잠기는 등 중부지방은 물난리가 났지만, 남부지방은 폭염이 계속되었다. 그러니 이 여름의 경계를 넘어 얼른 가을로 가고 싶은 마음이 더 간절한 것이다.
 그러나 난 기를 쓰고 경계를 넘지 말아야 하는 일이 생기고 말았다. 갑상샘을 양쪽 다 떼어버린 나는 6개월에 한 번씩 병원에 약을 가지러 간다. 갈 때마다 혈액검사를 하는데 이번 각 항목의 수치가 지난 3월 초 검사 때보다 모두 나빠져 있었다. 굳이 핑계를 대자면 이렇다. 3월 중순 코로나19 발병 후 일주일 격리를 하고 코로나는 나았지만, 그 후 2개월여 몸이 너무 좋지 않았다. 코로나19 유행 전에는 아쿠아로빅과 필라테스 운동을 했었다. 코로나19로 체육센터가 문을 닫고 열기를 계속하면서 운동을 중단했다. 그리고 걷기를 해왔는데 몸이 좋지 않다는 핑계로 걷기조차 중단했던 것이다. 또 허약해진 몸을 위한다며 온갖 영양식은 얼마나 많이 찾아 먹었던가. 그러다가 이어지는 여름 더위를 보내고 검사를 한 탓이라고 생각했지만 그건 어디까지나 내 생각이다.

의사 선생님은 작은 목소리에 큰 힘을 실어 말씀하신다. 다른 것보다 지금 가장 중요한 것은 당뇨약 먹기 전 경계에 있는 내 혈당수치라고. 약을 먹는 것보다 예방이 더 쉬우니 조심하란다. 운동과 식단관리를 하라는데 당뇨의 경계를 넘어서기 전에 조치를 취하라는 말씀인 것이다.

2022년 9월 9일/ 2022년 10월 13일/ 2022년 10월 19일/ 2022년 10월 22일
위 네 번의 날짜는 올해 양가 부모님의 기일이다.

네 분 모두 가을에 이 세상을 떠나셨다.

2022년 10월 2일/ 2022년 10월 15일

위 일자는 올해 남편과 아들의 생일이다.

부자는 가을에 이 세상에 왔다.

두 부자와 양가 부모님의 생과 사의 경계는 가을이다. 두 부자는 창조주의 섭리 경계 안에서 가을에 이 세상에 보내졌으며 양가 부모님 또한 창조주의 부름의 경계 안에서 어느 가을에 모두 하늘로 돌아가신 것이다. 그분들은 그 경계에서 얼마나 망설였을까, 아니 어쩌면 많이 무서웠을지도 모르겠다. 그 생과 사의 경계를 넘어간다는 것에 많은 두려움이 있었을지라도 모두 하느님의 섭리에 따른 계절이 가을이었던 것이다.

하늘에 먹구름과 흰구름이 사이좋게 떠다닌다. 먹구름을 밀어내는 하얀 구름은 파란 하늘을 등에 업었다. 그렇다고 먹구름의 뒤에 파란 하늘이 없다고 할 것인가. 저들이 하늘에 경계를 두었을까. 아니다. 다만 먹구름은 흰구름에게 자리를 내주고 자리를 차지한 흰구름 역시 욕심 부리지 않고 다시 먹구름에게 자리를 내어줄 뿐이다.

개인이 어찌지 못하는 물리적 경계가 존재할지 모르지만

나에게 있어 나쁜 경계를 만드는 것은 내 마음이다. 그러니 나 역시 가족들에게나 주변 사람들에게 뾰족한 철조망 울타리 담장처럼 무서운 경계를 세우지 말고 넉넉하며 평화롭게 이 세상에 머물다가 생과 사의 경계를 넘고 싶다.

내가 이 세상의 경계를 넘어 하늘로 돌아가는 계절은 부모님들처럼 가을이려나. 그래, 가을이 좋겠다. 나는 만물이 생명을 지니고 다가오는 봄을 제일 좋아한다. 그렇다고 생명이 움트는 봄에 목숨이 스러지는 것은 왠지 어울리지 않아 보인다. 그러니 모든 것이 풍요로워 나 하나쯤 사라져도 표가 나지 않을 것 같은 가을이었으면 하는 것이다.

오래전 안동댐이 내려다보이는 선산에 시아버님을 모시고 댐으로 내려오던 날 샛노란 은행잎이 마구마구 떨어져 내렸었다. 꼭 아버님이 잘 가라고 두 손을 힘차게 흔드는 것처럼 보였다. 내가 떠나는 날도 아버님이 가시던 날처럼 나를 떠나보낸 이들의 머리 위로 노랗게 이쁜 은행잎을 뿌려주며 환하게 이별하고픈 것이다.

『수필문학』 2022년 10월호

내가 아직도
그 남자를 만나는 이유

 나는 20여 년째 한 남자를 몰래 찾아가고 있다. 그는 아이의 옆방에 기거하고 있었고 아이가 결혼해 나가고 난 뒤, 아이의 방이 남편의 방이 된 후에도 아직 그 방에 있다. 40대에 처음 만났던 그를 아직까지 남편 몰래 만나게 될 줄은 그때는 정말 몰랐었다.

 2007년 엄마를 잃고 후각을 잃었고, 눈물이 철철 흘러넘쳐 병원에 갔더니 기능을 멈춘 눈물길 때문이란다. 눈물길을 만들어 넣었다. 원래 내 것이 아니니 잃은 것이다. 또 갑상선에 혹이 점점 자라 암의 씨가 될지도 모르는 것을 품었다니 모두 잘라내야만 했다. 아버지까지 잃고 난 뒤였다.

 난 가끔 두렵다. 다음 나를 떠나는 것이 무엇일지. 「가지 않은 길」의 작가 미국 시인 로버트 프로스트는 그의 시 「불모지」 마지막 연에서 이렇게 얘기했다.

"인류가 살지 않는 별 -
그 별들 사이의 텅 빈 공간 따위는 두렵지 않다
그보다는 내 마음속 불모지가
훨씬 더 절실하게 두려움을 안겨준다."

내 몸의 기능을 하나씩 거둬 간 것은 나를 이 세상에 내어놓은 부모일까. 창조주의 사업에 협조한 내 부모는 당신들의 지분을 내세워 허락도 없이 가져간 것일까. 그러나 나를 한없이 사랑하시는 창조주는 내 몸의 티끌 하나도 내주지 않으려 하셨을 것이 분명하다. 또 나를 끔찍이 아끼셨던 나의 부모 또한 그럴 리 없다. 그렇다면 하느님이 창조하시고 부모가 협조하여 건강하게 이 세상에 나온 내가 관리를 부실하게 한 탓이리라. 누구를 원망하기 전에 내 마음속 불모지를 기름지게 가꿀 일이다. 이렇게 육체의 기능을 하나씩 잃을 때마다 난 그 남자가 생각났다. 그래서 조용히 그를 만나 위로를 받았던 것이다.

그 사람은 나와 나이가 같았다. 내가 그를 만난 것은 이해인 수녀를 통해서였다. 2002년 11월 2일 토요일 『조선일보』의 '이해인의 독서일기'에 『소멸의 아름다움』이란 책이 소개되었다. "35살의 나이에 루게릭병에 걸려 오 년밖엔 살 수 없다는 선고를 받고 매일 매 순간을 충만하게 살려고 최선을 다한 저자의 12개의 에세이"가 실린 책이다. 주인공은 미국인 '필립 시먼스'이다. 그는 얘기하고 있다.

"우리는 모두 떨어지고 있다. – 우리가 고통과 나약함을 향해 떨어지고 있다면 즐거움과 강력함을 향해서도 떨어지자. 우리가 죽음을 향해 떨어지고 있다면 삶을 향해서도 떨어지자."

그는 언제 아름다운 소멸의 완성을 보았을까. 지금은 그 원(願)을 이루고 천상의 복락(福樂)을 만끽하고 있으려나. 아니라면 스물두 살 때 루게릭병에 걸려 2018년 76세로 사망한 스티븐 호킹 박사처럼 오래 견뎌 아직 생존해 있을까. 그래서 "불완전한 삶이 주는 뜨겁고 고통스러운 기쁨"을 느끼며 아름다운 소멸을 향해 가고 있을까.

겨울 바다가 보고 싶었다. 전국에 한파 경보가 내린 날 강원도 동해 바다로 향했다. 정동진 심곡항에서 헌화로를 거쳐 도착한 추암해변은 아름다웠고 바다는 시원했다. 그런 바다에 내 모든 근심 걱정은 깡그리 던져졌다. 아니 그저 나도 모르게 말끔히 사라졌다는 게 맞을 거다. 아프도록 아름다운 겨울 바다는 부서지는 하얀 포말에 내 걱정거리를 감싸 안아 흔적도 없게 부서뜨린 것이다.

그러나 그곳에 떼어놓았던 걱정과 아픔과 모든 것이 도로 달라붙을 때면 난 또 그 남자를 만나러 갈 것이다. 『소멸의 아름다움』에서 "우리는 무언가를 잃었을 때, 아직 우리에게 남아 있는 것을 되새기는 방법으로 상실감을 달랠 때가 많다."며 날 기다리고 있는 그를 보러 가야지. 남편의 옆방 서재에서는 늘 그가 나를 기다리고 있으니 말이다.

『월간문학』 2022년 5월호
한국수필문학가협회 『2022 대표수필선집』

목련에게 미안해

연도 소리 구슬픈 어느 성당 장례식장. 줄 이은 초상으로 장례식장 방문이 잦은 요즈음이다. 환절기 탓인가. 일교차가 심해지면서 감기와 같은 환절기 질환에 쉽게 노출되어 체력이 약한 어르신들이 세상을 많이 떠나는 것 같다. 오늘 고인은 아흔을 넘긴 교우로 그다지 애석해할 형편은 아니라고 했지만 그래도 이 세상에서의 이별은 우리 마음을 아리게 만든다. 그래서일까. 연도 소리에 분위기가 숙연해진다.

연도 즉 위령기도는 천주교에서 세상을 떠난 교우들을 위해 바치는 기도로 성경의 시편을 가사로 하여 우리나라의 고유한 음률과 곡으로 양편이 서로 화답하며 부른다. 고인을 천국으로 인도하는 노랫소리인 것이다. 신자가 선종을 하면

상가에 가서 기도해주는 천주교의 아름다운 전통이기도 하다. 그 좋은 전통을 한동안 외면한 적이 있었다. 10년 전 친정어머니께서 돌아가셨을 때이다. 그때는 상가에 가면 기도보다는 울음이 먼저 터졌기에 연도를 꺼리게 된 것이다.

어제 친정어머니를 만났다. 책장에서 책을 찾다가 책 뒤쪽에 숨어 계셨던 어머니를 보았던 것이다. 충북 음성 어머니의 야외납골당에 걸었던 빛바랜 사진이었다. 어느 시인이 '고인의 모습, 냄새, 소리, 감촉들이 불현듯 되살아나곤 할 때, 죽음은 다시 현재적 사건이 된다'라고 했다. 뜨거운 태양이 형체를 거의 다 지워버린 어머니의 모습이지만 나에게는 생시의 어머니같이 또렷하게 다가왔으니 시인의 '현재적 사건'이란 말이 실감이 되었다.

죽음에서 친정어머니를 소환해놓고 나는 나의 죽음을 생각했다. 흔히 웰빙이라 불리는 참살이와 더불어 현대사회의 화두가 된 웰다잉을 말이다. 여기저기 웰다잉을 위한 프로그램들이 넘쳐난다. 한마디로 잘 죽고 싶은 것이다. 아름답고 행복하게 죽고 싶은 것이 요즈음 너나없이 나이 먹어감에 따른 소원이다.

2004년 첫 수필집 『목련, 별이 되다』의 작품 「목련, 별이 되다」에서 '여고 시절 석굴암에 이르는 산길을 따라 피어 있던 산 목련이 하늘의 별처럼 와르르 내 가슴으로 떨어져 내리던 기억'이 있었다고 했다. '그 목련별은 30대 중반이 된 이즈음에도 목련이 필 때쯤에 어김없이 떠올라 나의 가슴을 환히 비춰주고 일상의 뜨락에 와 반짝이는 별이 된다'라고 썼었다. 그러면서 정원이 있는 집을 지으면 목련나무를 많이 심겠다는 약속도 했었다.

그러나 나는 충주에 마당 있는 집을 지었고 10년이 다 되어가는 지금에도 목련을 심지 못했다. 아니, 심지 않았다. 충주 조정지댐 입구에 서 있던 목련나무. 봄바람을 휘감은 나무는 도도했으며 가지마다 피워 올린 꽃들은 봄 햇살과 더불어 황홀했다. 그 눈부신 아름다움에 감탄을 하던 시선이 나무를 내려와 머문 곳은 땅에 떨어진 목련꽃잎이었다. 여기저기 흩어져 꺼멓게 흉물스러운 모습으로 변해가는 꽃잎은 가슴을 철렁하게 만들었다. 모든 꽃들이 한창때의 아름다움에 비해 지는 모습이 어찌 아름다울 수가 있으랴마는 유독 목련꽃의 뒷모습은 볼수록 실망스럽다.

젊은 날 내 눈에는 지는 목련은 안중에도 없었다. 아니 떨어진 목련의 추한 모습은 상상을 못했었다고나 할까. 아니

분명히 존재했었으나 보이지 않았던 것이리라. 18살 여고생의 낭만과 30대 중반의 혈기 왕성한 젊음과 이제 환갑을 맞이한 중년의 현실은 이렇게 하늘과 땅의 차이로 멀어져 왔단 말인가.

목련에게 미안하다.

심겠다는 약속을 지키지 못해 미안하고 마음이 바뀐 것이 미안하다. 아니 이제는 아름답게 지고 싶은 간절함의 핑계가 된 목련에게 더욱 할 말이 없다.

『선수필』 2018년 봄호

# 누가 이 시(詩)를
아시나요

푸른 꽃을 찾는 순례마차

  내 생애는
  푸른 꽃을 찾는 어두운 순례
  생애를 다하여
  나는 한 꽃을 찾을 수 있을까?

  노발리스도 죽고
  세기에 미만한 잠
  어느 마차도 안개 속을
  떠나지는 못하리

고독하고 고독하여
잠깨고 잠깨어
순례로써 순례에 이르고
다시는 머무르고 싶지 않은
내 푸른 마차여

언젠가 강가에 서서
해지는 꽃잎을 바라보면
그 푸른 이름
그 푸른 사랑
그 푸른 죽음을 이야기 하리라

작게 살고
크게 꿈꾸고
그리고 순례를 그치지 않은
너, 푸른 꽃
言語의 사랑.

  70년대 여고시절 괴테의 「미뇽에게」 「추억」, 헤르만 헤세의 「편지」 몬탈레의 「저녁노래」 등의 시가 적힌 공책에 같이 있던 시이다. 위의 시는 다른 시들과 달리 작가의 이름을 적어놓지 않아 평생 어느 분의 시일까 궁금해하던 작품이다.

아무 희망도 없던 시절이었다. 고3 예비고사를 앞두고 아버지는 어머니와 나, 두 동생을 읍내 남의 집 작은 방 한 칸에 몰아넣었다. 거기에는 빚쟁이들이 수시로 드나들었고 나는 아무것도 할 수가 없던 시간들이었다. 그것이 처음은 아니었다. 초등학교 5학년을 마치고 경상도 고향을 떠나 충청도로 거처를 옮긴 것이 시작이었다. 중학교를 다닐 때에는 낯선 곳에서 적응도 하기 전에 경기도로 이사를 해야만 했다. 모두 아버지의 고질병 때문이었다. 어머니와 혼인을 한 뒤 집안 머슴하고도 화투를 쳤다는 고질병, 노름 때문이었던 것이다. 열심히 일한 대가를 일순간에 날려버리고 가장의 자리를 진흙탕에 처박아 버리곤 했으나 아버지의 고질병은 나을 기미가 보이지 않았다.

그 시기에 이 시(詩)를 만났다. 그때부터였을까. 언어의 사랑을 얘기하고 푸른 꽃을 찾아 떠나는 마차에 한 발을 올린 것은. 그러나 발을 들였을 뿐 무의미하게 시간은 흘렀고 마차의 바퀴는 헛돌았다. 그리웠고 아팠고 그런 세월을 지나

한 발 올린 곳에 드디어 나머지 발까지 올린 지 30년이 지났다. 학습지 어문전문교사와 초등생 독서지도와 글쓰기를 가르치며 내 글쓰기의 푸른 꿈을 찾아 순례마차에 올랐던 것이다.

2연에 언급된 노발리스가 죽은 지 일 년 뒤인 1802년에 출간된 『푸른 꽃』은 독일 낭만주의의 상징으로 우뚝 섰다. 등단한 지 30년이 지난 난 아직도 푸른 꽃(대단한 작품)을 생산하지 못했고, 노발리스까지 소환한 이 새벽에 다시 "너, 푸른 꽃/ 言語의 사랑"을 찾아 나선다.

아, 내 푸른 꿈 찾기에 함께 한 시 「푸른 꽃을 찾는 순례마차」의 작가를 아시는 분은 안 계실까요?

『농민문학』 2022년 봄호

베로니카와
덕림사

"까똑"

친구에게서 사진이 왔다. 이천에서 근무하는 친구다. 호법을 지나는데 '덕림사' 표지판을 봤다며 찍어 보낸 것이다.

내 이름은 덕림(德林)이다. 불교에서는 불경 강의를 가리키는 단어인 산림(山林)을 뜻하는 破人我山 養功德林이라는 구절이 있다. 여기 양공덕림에서 德林이 내 이름인 것이다. 破人我山 곧 남(人)과 나(我) 사이에 가로 놓인 산을 무너뜨리고 養功德林 곧 베푸는 공덕의 숲을 기른다는 뜻이다. 즉 자기가 귀하게 여기고 섬겼던 물건이나 쌓아놓은 것을 깨뜨리고 부지런히 공을 쌓아 덕의 숲을 가꾼다는 말이다. 또한 너니 나니 따지지 말고 나를 버리고 남과 함께 베풀면서 살아가야 한다는 것이다. 나를 내세우느라 고통이 생기고 나를 앞세우느라 욕심이 생기며 나와 너를 구분하기에 갈등과 시기심과 미움이 생기는 것이다. 그러니 비록 가지고 있는 것이 모자라더라도 소중히 여기며 감사한 마음으로 살아야 하는 것이다.

 한때 법정 스님의 '무소유'에 열광하고 헨리 데이비드 소로의 '월든'에 심취했다. 2012년 "미국 문학의 고전이자 세계적인 밀리언셀러『월든』출간 150주년 기념 특별판"『주석달린 월든』을 구입하면서 소로의『월든』을 깊이 읽고자 했다. 그 무렵이었다. 충주에 작은 집을 지으면서 그 집 이름을 '오두막'이라 명명했던 것은. 그것은 "매사추세츠 주 콩코드 숲 작은 호숫가에서 오두막을 짓고 자급자족했던 헨리 데이비드 소로의 2년 2개월여의 실험 생활"을 따라 하고자 했던 것인가. 아니다. 그저 그의 생활을 동경하고 흉내라도 내보고자 함에서 작은 집은 오두막이 되었던 것이다.

 가진 것이 많았다. 어릴 때는 조부모를 비롯하여 부모님과 다섯 형제가 있었고 일가친척과 수많은 이웃이 함께했다. 결혼을 하고 보니 그 수는 배가 되었다. 남편의 부모, 형제, 친척과 친지들로 숫자는 배로 늘어난 것이다. 거기다 아이를 낳고 형제들의 아이들까지 기하급수적으로 불어났다. 이들이 내 것이라고 서류에 적혀 있지는 않았지만 모두 내 가족이고 하나의 형제로 살갑게 살고자 했다. 아들을 결혼시키니 며느리와 그 가족들까지 더 많은 수가 늘었다. 게다가 손자까지 태어났다. 더 부러울 것이 없다.

그뿐인가. 손바닥 땅이라도 온갖 나무와 꽃들을 기를 수 있는 여유와 글을 쓸 수 있는 재주를 가졌다. 또 그림을 그리고 서예와 더불어 사는 행복을 누리고 있으니 얼마나 많은 것을 가진 것인가.

또 있네. 전국에 흩어져 있는 '덕림사' 말이다.

"너 개종해야 하는 거 아냐?"

사진을 보내고 전국에 내 이름의 절이 많다는 얘기를 듣고 친구가 하는 말이다. 덕림사(德林寺)는 전국에 있었다. 내가 직접 다녀온 용인과 이천의 절을 제외하고도 전국사찰명단을 검색하니 제주, 경북 군위, 광주광역시 월산, 전남 영광, 부산, 해남, 서울 강남에 '덕림사'란 절이 있었다. 이 밖에도 전국에 더 많은 절이 있을 수 있으리라. 어디 절 뿐이랴. 부여 덕림사터에는 '德林丙舍'가 있었으니 조선 태종의 어릴 적 스승이었다는 고려 조신의 재실이었다. 2010년 부여에서 있었던 문학세미나에서 만난 문인은 통성명을 하자 가까운 곳에 '덕림병사'가 있으니 내 이름은 잊지 못할 거라고 했는데 그분은 아직까지 나를 기억하고 있으려나?

더 있다. 절은 아니지만, 속리산 법주사를 갔다가 내려오며 '덕림산채식당'이라는 음식점을 만났다. 주위에 다른 식당이 있었지만 당연히 그리로 들어갔다. 식당 이름이 사장님 성함이냐고 직원에게 물었다. 그 직원은 사장님 성함은 아니고 불교와 관련이 있다는 말을 들었다고 했다. 그리고 몇 년 뒤 코로나19 바이러스가 퍼지기 전 다시 들렀을 때도 그 자리에 건재하고 있었는데 혹여 그 엄청난 위세의 코로나19로 문을 닫지나 않았는지 모르겠다.

누군가가 "모든 것은 '되어 가는' 과정 속에 있다."고 하지 않았던가. 나는 하느님의 진리를 따라 살아가는 과정에 있다. 또 養功德林의 뜻을 존중해 나를 비우고 남을 위해 베풀면서 살기로 노력하는 전국에 절이 많은 가톨릭 신자 덕림 베로니카이다.

『농민문학』 2022년 가을호

어 그리고 아

 "길에서 태어났지만 길고양이도 함께 살아가야 할 소중한 생명입니다.
 동물학대 금지, 2년 이하 징역 또는 2천만 원 이하 벌금"

우리 동네 호수에서 처인성 가는 길에 내걸린 현수막 내용이다. 구청 산업과에서 걸어놓은 것인데 '길고양이 중성화수술을 통해 주민불편을 최소화시켜 나가고' 있다는 문구도 덧붙이고 있다.

그러나 이곳 용인에서나 충주 오두막에서나 길고양이들로 인한 불편은 많다. 얼마 전 충주집이 있는 전원마을엔 길고양이들의 죽음을 둘러싸고 의견대립이 있었고 그 후 또 현수막이 마을 이곳저곳을 차지하고 있었다.

오두막에 도착했다. 주말마다 들르는 충주 오두막 주변에도 길고양이는 많다. 아니나 다를까. 길고양이 한 마리가 차를 막아선다. 그 녀석은 의도하지 않았을지 모르지만, 우리 차는 길이 막힌 것이다. 더구나 이들은 차량이 지나는 마을 길에서도 결코 바쁘지 않기 때문에 우리가 차를 멈출 수밖에. 아무리 요즘 사람들도 차가 지나가면 얼른 피하지 않기 때문에 차량이 사람을 피해가야 한다지만 고양이의 느긋함은 얄밉기까지 하다.

고양이 먼저 지나가시게 조심 운전해서 집 앞에 차를 세운다. 집 안으로 들어가기 전 앞마당 잔디밭과 그 둘레에 자리한 나무와 꽃들에게 먼저 안부를 묻는다. 그런데 언제부터인가 잔디밭 이곳저곳에 배설물이 자리하고 있다. 어느 때는 쉬파리 떼의 존재로 배설물을 발견하기도 한다.

"어? 뭐야."

"아이고, 이제는 키우지도 않는 강아지들 뒤처리까지 해야 하나."

투덜대며 삽을 들고 그것들을 파다가 버린다. 주말주택이 대부분이었던 전원마을엔 요즈음 상주하는 집들이 늘어나고 있다. 이웃에서 반려견을 키우는 곳이 있으니 당연히 그들이 한 행동이리라 생각했다. 지난가을 처서를 넘기니 바람에도 스산함이 묻어난다. 풀벌레 소리도 요란하다. 그런데 그 무성한 풀벌레 소리에 더 요란한 아기울음소리가 들린다. 그것도 사방이 깜깜한 산꼭대기 집 거실 창문 앞 우리 집 데크 위에서 말이다. 길고양이다. "저리 가" 소리를 질러봤지만, 소용이 없다. 스텐 그릇과 국자를 가져다가 탕탕탕 부딪쳐 본다. 시끄러운 소리에도 길고양이의 울음소리는 멈추지 않는다.

'어? 뭐지' 짜증나기 시작한다.

'어?'에 '뭐야.'가 뒤에 붙으면 의혹과 불신과 부정의 의미가 뚜렷해진다. 거기다가 부정적인 생각이 고착되어 버리면 더 이상 사고의 유연성은 기대할 수 없다. 오두막 잔디밭 고양이 배설물을 애먼 옆집 강아지들의 것으로 의심, 아니 단정해버리는 우를 범하는 것으로 나타나는 것이다.

'아~' 이 말에는 포용성이 있다. '그렇구나, 그럴 수도 있겠구나'라는 말이 오면 긍정의 뜻이 확연해진다. 이해의 폭이 넓어지는 것이다.

'아~ 누군가가 주인 없는 곳에서 편히 볼일을 보고 갔구먼.'

'강아지든 고양이든 아무도 없는 넓은 곳에 실례를 할 수도 있겠구나.'라고 생각했으면 그 배설물을 치우는 일도 별문제가 아니었을 것이다. 또 고함소리에도 그릇 두드리는 소리에도, 울음을 멈추지 않던 길고양이에게 '아~ 무슨 일이 있어 그럴 수도 있겠구나.'라는 생각을 했으면 짜증이 나지는 않았으리라.

　아, 아직도 더 살아야 철이 들려나 보다.

『농민문학』 2023년 봄호

신경 쓰지 마세요

"안녕하세요, 좋은 하루 되세요."

오늘도 '좋은 하루' 아줌마는 큰 목소리로 인사를 하고 내 옆을 지나간다. 난 처음에는 깜짝 놀라 멈칫했지만, 이제는 그이가 저만치 보이면 인사에 대답할 준비를 한다. 어디 '좋은 하루' 아줌마뿐이랴. 아침 일찍 들어선 작은 숲 산책길에는 많은 사람들이 스쳐간다. 독실한 신앙인일까? 성경을 들으며 가는 사람, 촌각을 아껴 공부에 열중하는 사람인지 영어회화를 산이 울리게 틀고 가는 사람도 있다. 또 음악을 너무 사랑하는 사람인지 쿵짝쿵짝 소리가 거슬리는 사람, 라디오를 들으며 가는 사람도 있다.

산책길에서 만난 사람들은 모두 나름의 산책 방법을 택한 것이리라. 그러나 산에 왔는데 바람소리, 새소리, 하다 못해 나뭇잎들이 소곤거리는 소리로 충분하지 않다는 말인가. 그들은 이어폰을 사용하는 배려조차도 하지 않은 것이다. 그 사람들은 자신의 행위가 조용히 자연의 소리에 귀 기울이는 다른 사람에게 방해가 되는 것을 모르는가 보다.

행복한 아침 산책길에서 만난 방해꾼들을 지나 산 내음 공원으로 내려왔다.

"아니, 저건 뭘까?"

"뭐 말리나 보네."

앞서가시던 노부부의 대화이다. 산과 바로 닿아 있는 공원 입구 시멘트 바닥에 두꺼운 파란 비닐로 덮여 있는 물건이 있었던 것이다. 그것의 네 귀퉁이에는 2L 생수 페트병이 4개, 500ML 작은 생수 페트병 2개가 나란히 놓여 있었다.

"이거 위험한데." 혼잣말을 했더니 할머니께서 들으셨나 보다.

"맞아요, 불나는데." 하신다.

난 그때부터 신경이 쓰이기 시작했다. 산속 산책길에서 만났던 것보다 더 큰 방해꾼을 만난 것이다. '공원관리과'로 신고를 해야 하나, 그러자니 지금 너무 이른 시간이다. 관계자들이 아직 출근하지 않았을 거 같고, 저 물건의 주인이 공원 바로 옆 아파트 주민일 테니 아파트 관리실로 가야 할까? 기다리기로 했다, 저것의 주인이 나타나기를. 그래서 다음 장소로 이동하는 대신 공원을 돌기로 했다. 그 사람을 만날 어떤 기약도 확률도 보장할 수 없었지만 하염없이 페트병에 눈길을 두면서 공원을 몇 바퀴나 돌았을까. 어쩌면 기대할 수 없는 상황에 막무가내로 공원을 돌고 있었지만 위험한 페트병의 주인이, 정말 나타났다.

나는 어느새 고추를 널고 돌아서는 사람을 급히 불러 세운다.

"잠깐만요."

내 목소리에는 반가움과 더불어 안도의 기운을 담고 있었다. 다행히 그녀가 멈춰 선다.

"고추가 예쁘네요."

운을 떼었고 어리둥절한 그녀에게 그곳에 놓여 있는 물 담긴 페트병의 위험성을 얘기했다.

산불의 이유는 여러 가지가 있지만, 사람들이 물 담긴 생수병을 산에 버리고 오는 바람에 불이 난 경우도 있었다. 투명한 페트병에 남아 있는 물이 볼록렌즈 역할을 하면서 불이 붙는다. 많은 사람들의 잘못된 행동이 큰 불상사를 만들고 있는 것이다. 어느 실험에서는 투명한 페트병이 볼록렌즈 역할을 하여 30분 정도 지나면 불꽃이 일고 낙엽에 옮아 붙었다. 투명 용기를 통과해 모인 빛의 표면 온도는 최고 300도까지 올라간다니 얕볼 일이 아니다. 아주 오래전 초등시절에 볼록렌즈로 태양빛을 모아 검정 종이를 태우는 실험을 했던 것처럼 산속에 버려진 페트병과 태양, 건초의 위치가 맞아떨어지면 불이 붙는 것이다.

 일본의 교토, 나라 같은 교외의 관광지에서는 물 담긴 페트병을 볼 수 있다. 주택가, 화단, 전봇대 등을 빙 둘러싸고 놓여 있는 수많은 페트병은 길고양이 퇴치용이다. 고양이가 페트병에서 반사되는 빛을 보고 경계를 한다는 것인데 방송사 실험으로 나타난 결과는 길고양이를 퇴치할 수 있는 효과는 전혀 없었다. 고양이는 기본적으로 야행성이기 때문에 잠깐 놀라기는 하지만 햇빛에 별로 반응을 하지 않는다는 것이다. 오히려 페트병의 물이 렌즈 역할을 해서 뜨거운 햇빛에 화재의 위험성이 대두되었고 지금은 그런 행동이 많이 감소되었으나 아직도 물 담긴 페트병을 내놓는 사람들이 있다고 한다.

열심히 페트병의 위험을 얘기했지만 상대방은 그게 무슨 큰일이냐는 듯이 요새 날씨가 뜨겁지 않아 괜찮다고 한다. "그래도 낮에는 뜨거워요." 했더니 그이도 "맞아요, 낮에는 덥지요." 한다. 그럼에도 불구하고 핑계는 많다. 어제도 널었는데 괜찮았다고. 어제 괜찮았다고 오늘 괜찮으리란 보장은 없는데, 사고는 날을 정해놓고 나는 것이 아닌데 상대방은 태연하다.

나는 저 고추가 다 마를 때까지 신경이 쓰일 거 같은데 그이는 못내 꺼림칙하는 내 뒤통수에다 대고 소리치고 있다.

"신경 쓰지 마세요."

『농민문학』 2021년 가을호

장호원 장날
나무주걱

충주 집에서 가까운 장호원은 5일장이 열린다. 4일과 9일이 장날이다. 어느 장날, 파장 무렵에 장에 도착했다. 필요한 것이 있었지만 막 차에 실려지는 대형나무주걱이 눈에 띄는 순간 모두 잊고 난 소리쳤다. 내가 여기 왜 왔는지는 중요하지 않았다.

"아저씨, 잠깐만요."

다급한 내 소리에 아저씨는 차에 들어올리던 물건을 들고 멈칫한다. 내가 원한 나무주걱을 주면서 아저씨는 말한다.

"백 년도 더 쓸 수 있어요."

나는 백년주걱(?)을 받아들고 말했다.

"그랬으면 좋겠네요."

주걱 아저씨는 나에게 판 주걱의 용도를 알고서 하는 말이었을까? 피식 웃음이 흘렀다. 그는 내가 무슨 큰 살림꾼이라도 되는 줄 알지 않았을까. 사실 내가 그 큰 주걱으로 묵을 쑬 것도 아니요, 고추장을 담글 것도 아니었다. 내가 생각한 대형나무주걱의 쓰임새는 붓걸이였던 것이다.

몇 년 전 민화를 배우면서 우연히 만난 주걱으로 붓걸이를 만들었다. 주걱머리에 한 송이 모란을 그리고 손잡이 끝에 나비 두 마리를 그렸다. 그리고 손잡이에다가 못을 박아 붓을 걸어 주걱 붓걸이가 완성되었던 것이다.

그런데 붓을 걸 곳이 모자라기 시작했다. 어느 날 제천 박달재에 갔더니 목공 가게에 진열해 있던 나무작품이 있었다. 내 눈에 뜨인 그것은 열쇠걸이 비슷한 것이었는데 주인 말로는 다용도 걸이라고 했다. 나는 그것을 변형해 붓걸이로 제작해 줄 것을 주문하고 왔다. 그 뒤 서예까지 하면서 또 붓걸이에 자리가 모자라 다시 주걱 붓걸이를 생각하게 된 것이다.

"작가는 작품으로 죽음을 넘는다."라는 말이 있다. 여기저기 걸린 붓들과 서재에 가득한 책들을 보면서 생각한다.

'나는 죽음을 넘을 만한 작품이 있는가.'

아니 죽음까지는 아니더라도 현재 내 마음에 흡족한 작품이라도 쓰고, 그리고 했으면 좋지 않을까.

'노력해야겠지.'

『진주남강문단』 2024년

나이 든다는 것은

"아유, 아닙니다. 아니에요."

평일 전철역으로 나가는 버스 안은 만원이다. 나도 판교에서 친구들과 만남이 있어 버스에 오른 참이다. 시골이라 버스 배차 간격이 짧지 않은 탓에 줄지어 서 있다가 버스에 타는데 미리미리 서두른 덕분에 자리에 앉았다.

적잖이 당황스러운 목소리를 따라가니 자리에 앉아 있던 남자 어르신과 그 앞에 서 있던 여자의 작은 실랑이가 이어지고 있다. 누가 봐도 팔순은 족히 되어 보이는 남자 어르신은 훨씬 어려 보이는 여자 어르신에게 자리 양보를 하고 계셨던 것이다. 상대방은 당황한 마음을 강력한 거절로 표현하고 있다. 그런데 그렇게 손사래를 치는데도 굳이 일어서시기까지 하시면서 자리를 내어주려고 하시니 보는 사람도 민망하다. 그분은 평생 레이디퍼스트 예절이 몸에 밴 신사로 살아오신 분이려나. 아니면 젊은 사람들에게 본이라도 보이기 위함인가.

버스에는 나이든 사람만 있는 것이 아니다. 요즘 젊은 사람 누가 자리 양보를 한단 말인가 하는 자조적인 말이 아니더라도 지금은 노-노 케어가 대세다. '노-노 케어'가 무엇이던가. 노인이 노인을 돌보는 노인 일자리 사업이기도 하다. 참여자가 수혜자를 방문하여 정서지원(말벗), 위생 및 생활 안전상의 점검을 하는 사업이다. 그뿐이랴, 지금 우리 세대는 100세를 앞두고 있거나 혹은 100세가 지난 부모를 케어하는 즉 노인이 노인을 돌보는 사람들이기도 하다.

노인 인구를 2단계로 구분하여 65세 이상을 고령자라고 했을 경우 전기고령자와 후기고령자로 나뉜다. 그중 전기고령자는 65세에서 74세까지의 노인을 이르는 말이다. 75세 이상은 후기 고령자라 칭한다. 나는 올해 전기 고령자의 명부에 이름을 올리게 되었다. 보건소 예방접종실에서는 "귀하는 올해 폐렴구균 23가 무료접종 대상자입니다."로 시작하는 어르신 폐렴구균 무료접종 안내가 줄을 잇는다.

사실 노년이니 고령자니 하는 말들이 아직은 그다지 와 닿지는 않는다. 양가 부모님들을 모두 하늘로 보내드리고 아들이 결혼하여 아들을 낳은 지금 이 나이가 얼마나 자유로운 시기인지는 절감하고 있다. 다만 그 자유에 어느 정도 신체적 물리적 제한을 느끼기는 하지만 말이다.

그래도 난 자유다. '오~예.'

48개월 지난 손자가 묻는다. "'오~ 예'가 무슨 뜻이에요?" "아~ 마음이 좋을 때 나오는 소리야." 하고 '일종의 감탄사'야 하려다 '일종'은 무엇이고 '감탄사'는 무슨 말이냐로 이어지는 질문지옥에 빠질까 봐 얼른 화제를 돌린다.

나이 든다는 것에 대하여 『나이듦의 지혜』의 저자 소노 아야코는 이렇게 말한다. "나이 듦은 선도 아니고, 악도 아니며, 자격도, 지위도 아니다." 그렇다. "고령은 젊음과 마찬가지로 육체의 상태를 보여주는 수치에 불과"하니 그 많은 세월 동안 사람들과 맺은 관계를 돈독히 유지하며 인간관계에서 파생하는 삶의 이치를 지혜롭게 분별하며 살아야겠다.

더 무엇을 바라겠는가. "인생이란 짧은 여행일 뿐"이라고 했는데 말이다.

『농민문학』 2024년 가을호

4 불안한 곳간 털기

장모시고 철 잘 쇠시오 자식들에게는 편지 따로 쓰지 못하였으라 하옵 사람하여 도 음식 가까스로 먹고 다니니 아무것도 보내지 못하오 살아서 다시 볼 기약을 할까 만은 언제라고 기약을 정하지 못하겠소 그리 워하지 말고 편안히 계시오

학동 김성일 이 안동 한지에서
청아 김덕림

불편한 동거

그가 보이지 않는다.

어느 지난(至難)한 가정의 가장이었을까.

집 한 칸 없어 남의 집 문간이라도 빌붙어 살아야 할 만큼 어려웠을까? 강제철거를 당해 쫓겨 가고도 며칠을 찾아와 허물어진 보금자리를 맴돌던 그가 더 이상 보이지 않는 것이다.

지난 6월 중순, 3박 4일의 상해 문학기행에서 돌아오니 그는 주인의 허락도 없이 남의 집을 차지하고 있었다. 끼니를 나눠 먹지는 않으나 같은 지붕 아래 살게 됐으니 집주인으로서 동거인(?)에게 환영의 말이라도 건네야 하나? 계약도

하지 않고 무단 침입한 그들을 어찌해야 하나 잠깐 고민한다. 하긴 무단 침입 죄는 법에 존재하지도 않으니 저들을 처벌하려면 주거 침입죄로 해야 한단다. 그렇다면 주거 침입죄로 신고하고 그래도 나가지 않으면 명도소송을 하고 다음에는 명도집행을 해야겠지. 갑자기 머리가 복잡하다.

  얼마 전 옛 노량진수산시장에서도 명도집행이 있었다. 옛 시장 상인들이 비싼 임대료, 좁은 통로 등을 이유로 새 건물 입주를 거부하면서 현재 8차에 이르는 집행에 이른 것이라 했다. 상인들과 집행 인력과의 물리적 충돌이 대단했다던데 나도 저들의 목숨 건 저항에 맞닥뜨리면 어찌하나 걱정이 앞선다.

  그러나 법은 멀고 주먹은 가깝다던가. 모기 살충제를 사왔다. 하루 빨리 내쫓으라는 남편의 성화를 못 이겨서다. 막상 집행하려니 망설여진다. 비록 우리 집 창 옆에 무단으로 집을 지었지만, 저들이 우리 생활에 무지막지한 지장을 주는 것도 아닌데 보금자리를 무너뜨린다는 게 썩 내키지 않아 좀 더 지켜보기로 한다. 집은 사는(居) 곳이지 사는(買) 것이 아니라지만 우리는 거금 들여 이 집을 사서(買) 왔는데 저들은 거저 살고자(居) 하니 미운 구석이 없지 않다. 더구나 펄

펄 날아다니며 이 더운 날 문도 못 열게 위협하니 걱정이다.

벌들의 집은 자꾸 커지고 식구도 나날이 불어나니 더불어 나의 걱정도 날이 갈수록 늘어난다. 그래도 한 달은 기다려야 하지 않을까. 전세도 아니고 그렇다고 월세를 받는 것도 아니지만.

한 달이 지났다. 용인에 호우경보 안전안내문자가 온 날, 천둥소리가 요란했으나 그다지 많은 비는 오지 않았다. 점점 커져가는 벌집과 늘어나는 벌들의 숫자에 위협을 느낀 남편, 명도소송대신 모기살충제를 들었다. 벌집에는 살충제가 들이부어졌고 벌들은 쫓겨 갔으며, 그 틈에 허가 없이 지은 집은 철거되었다. 충주 오두막에서의 두 번의 공격도 벌들이 쫓겨난 이유 중의 하나이니 벌에 쏘여 고생했던 남편을 나무랄 수도 없는 형편이다. 내일도 비가 온다는데 집을 잃고 쫓겨난 그들은 어디에서 배회할까. 강제 철거의 행위에는 동참하지 않았지만, 무언의 동조를 한 나를 어찌 생각할지. 미안하고 안쓰럽다.

철거 다음 날 또 그다음 날에도 찾아온 벌을 보고, 악덕주인이 없는 적당한 곳을 찾아보라고 혼잣말을 해 본다. 사람이 살다간 자취의 아련함은 아니지만 뭔가 그들의 흔적이

허전하다. 한 달을 수시로 살피며 정이라도 들었던 걸까. 벌들과 같이 한 지붕 아래서 잘 살아갈 방법은 정말 없었을까 생각해 본다.

요즘 온 나라가 시끄럽다. 일본의 대(對) 한국 수출규제 조치 즉 한국 경제의 핵심 경쟁력인 반도체 소재에 대한 수출 제한으로 시작된 사실상의 경제보복이 행해졌기 때문이다. 그래서 우리 국민은 일본 불매운동으로 맞서고 있다. 일본제품은 물론 일본 여행도 가지 말자는 거다. 올 연말에 친구들과 오키나와 여행이 예정돼 있었는데 다른 나라를 찾아봐야 할 듯하다. 함께 잘 살기가 이리 어려울까.

'사상 최대의 번개팅', '드라마 같았던 30시간' 이는 지난 6월 30일 남북미 정상들의 판문점 만남을 표현한 것이다. 김정은 위원장과 트럼프 대통령이 남북군사분계선(MLD)을 사이에 두고 악수를 나누는 장면은 온 세계에 평화를 전하는 것이었다. 북핵을 둘러싸고 속내는 복잡하지만 결국은 모두가 이 지구촌에서 평화롭게 같이 잘 살자는 것이 아닐까.

나는 벌들과 불안한 동거를 끝냈지만, 이 지구촌에서의 불안한 동거는 언제나 끝이 날는지.

『농민문학』 2019년 가을호, 한국수필문학가협회 『2019 대표수필선집』

곳간을 털어보니

밤이다.

아니 새벽이다.

모두가 잠든 시간 한없이 충직한 시계는 열심히 제 몫을 다하여 분침을 12에 시침을 2에 올려놓고 있었다. 새벽 2시다. 모두가 깊은 잠에 떨어진 시간에 나는 왜 깨어 있는가. 하다못해 충주 우리집의 모든 나무와 풀, 심지어 낮에 용인에서 데려와 심어놓은 꽃들마저도 예쁜 잠에 빠진, 세상 고요한 이 시간에 말이다.

엊그제 COVID19 즉 코로나19 확산 100일을 지나면서 많은 사람이 감염되었고 사망했으며 경제적 타격 또한 엄청났다. 그래서 정부에서는 전 국민에게 긴급재난지원금을 주기 위해 국채를 발행하기로 했다. 그리고 본격적인 경제를 살릴 3차 추경에서도 국채를 추가 발행할 수밖에 없게 되면서 나라의 곳간에 비상이 걸렸다. 어디 나라뿐이겠는가. 우리네 부모의 넉넉지 못한 곳간을 거덜 내고 자란 형제들은 또 그다지 충분치 못한 곳간을 자식들에게 털리는, 곳간 털리기의 대물림을 하고 있는 건 아닐는지. 문득 내 곳간이 궁금해졌다. 생의 소중한 그곳은 얼마나 그득 차 있으며 또 안전하기는 한가. 그리고 그곳엔 과연 무엇이 들어 있는가.

지난 3월 하늘로 떠나신 ㅂ 선생님께서는 '사람은 두 개의 곳간을 평생 지니고 산다. 물질을 쌓아두는 곳간과 정신을 쌓아두는 곳간을 말한다.'라고 하셨다. 내 물질 곳간이 만족스럽지는 않지만 어쩌겠는가. 나머지 삶은 적은 것에 익숙해지려 노력하며 사는 수밖에. 그러나 나의 정신 곳간의 상태는 도저히 수긍하고 인정하기엔 너무 속상하고 아쉽다. ㅂ 선생님께서는 정신의 곳간이 텅 비어가고 있다고 많은 걱정을 하셨다. 나 역시 걱정하지 않을 수 없을 만큼 심각하기 때문이다.

수필 등단 10년이 지나 2004년 첫 수필집 『목련, 별이 되다』를 냈을 때 선생님께서는 정성스러운 편지를 보내주셨다.

출간을 축하하고 그간의 노고를 치하하셨다. 그리고 '다양한 소재와 간결한 문체와 인간의 향기가 물씬 풍기는 수필을 읽으면서 많은 감동을 받았다'고 분에 넘치는 말씀을 적어 보내셨다. 그러시면서 선생님께서는 '쓸수록 수필 창작에 고충을 느끼고 있다'고도 하셨다. 그 말씀에 그때로부터 지금까지 격하게 동의를 하고 있는 중이다.

나 역시 30년이 다 되어가는 글쓰기가 요즈음 곳간에 들 일 것이 없다. 어쩌다 건진 것이 알차게 여문 것이 아니라 실망스럽다. 그도 가뭄에 콩 나듯 하니 절망에 가깝다. 그 이유는 아니 핑계가 맞겠다. 몇 년 전에는 바쁘다는 구실과 더불어 민화에 빠졌음이 걸림돌이 되었다가 작년부터는 붓글씨에 그 화살을 돌리고 있는 중이다.

올 2월 하고도 13일 코로나-19로 나라가 아니 세계가 난리가 났던 그때 난 상서로운 보배 하나를 곳간에 들였다. 아주 힘들게 들인 보물은 아들이 결혼한 지 4년 만에 낳은 아들이다. 즉 우리 손자 시진(瑞珍)이는 내 곳간에 들어온 제일 값지고 가장 소중한 보물인 것이다.

환갑 진갑 지난 내 곳간을 털어보니 별거 없었다. 특히 내 글쓰기의 곳간은 형편없었으나 그 형편없음을 덮고도 남을 손자의 출생은 경이로웠다. 그 아이로 내 삶은 더없이 아름답고 풍요로워졌으니 말이다.

그러고 보니 야심한 시간 아니 꼭두새벽에 내 곳간을 털어본 결과는 아주 훌륭했다.

『수필문학』 2020년 6월호
한국수필문학가협회 『2020 대표수필선집』

떠다니는 목표

'끝내지 못한 목표들이 유령처럼 당신을 쫓아다니는가? 존 에이커프의 책을 읽고 그가 나눠준 지혜를 실천하다 보면 만면에 웃음을 띤 채 결승선을 넘게 될 것이다.'

『칭찬은 고래도 춤추게 한다』의 저자 켄 블랜차드의 말이다. 존 에이커프의 책 『FINISH 피니시』를 소개한 말이니 새해만 되면 무슨 무슨 결심과 계획으로 시작을 남발하는 '만성 시작 환자들'에게 좋은 소식일지 모르겠다.

1. 2017년 12월 3일 일요일
2. 2018년 1월 1일 월요일
3. 2018년 2월 16일 금요일

위 세 가지의 날짜는 서로 해(年)와 월(月)과 일(日)이 다르고 요일도 다르지만 모두 떠다니는 목표를 생산할 새해 새날의 모습이다.

먼저 2017년 12월 3일은 가톨릭에 있어서 새해이다. 매년 1월 1일에 시작되는 일반 연력과 달리 교회력에서의 새해는 예수의 탄생을 기다리는 대림 첫 주의 일요일에서 시작된다. 그러므로 가톨릭에서의 새해 첫날은 지난 12월 3일에 이미 시작된 것이다.

첫 번째 새해 새날은 아기예수님맞이 성탄축제 준비 등으로 정신없는 가운데 의미를 챙기지도 못한 채 그렇게 지나갔다. 새해라는 시간적 경계 앞에서 무언가를 해야 한다면 모두가 그렇듯이 나 또한 어떤 것을 계획하는 기회로 삼아야지 싶었다. 새해는 시작이며 기회이기도 하니까. 하지만 그 기회를 그냥 지나쳤다.

그럼 두 번째 새해는 어땠을까. 그 기회도 훌쩍 지나가버렸다. 지난해와 새해의 구분이 뭐 그리 대단한 것이 아닌데, 태어남과 죽음의 일직선상에 나란히 존재할 뿐인데 우린 세월을, 시간을 토막 내어 의미를 달리하고 있다. 그래도 어쨌든 새해라는 것이 새로운 것에 대한 기대이고 희망이며 새로운 시간에 대한 설렘이라면 주어진 새해, 기회를 잘 이용

해야 하지 않겠는가.

양주 가는 1호선 전철 안. 아직 학교에 들어가지 않은 듯한 형제가 무슨 내기라도 하는 걸까? 두 녀석이 온 정성을 다하여 아주 신중하게 손을 뻗어 가위바위보를 한다. 형이 이겼다. 형의 얼굴은 세상을 얻은 표정인데 동생은 반대로 이 세상을 잃은 얼굴이다. 그것을 지켜보던 아이들의 엄마가 얼른 중재에 나선다. 한 번 더 가위바위보를 시킨다. 절망하고 있는 동생에게 두 번째 기회를 준 셈이다. 아니 형제에게는 삼세번으로 가는 길인 것이다.

삼세번의 뜻은 더도 덜도 없이 꼭 세 번이다. 우리는 살면서 세 번 즉 숫자 3으로 이루어진 말들을 수없이 보아왔고 사용해왔다. 이 3이란 숫자는 우리나라는 물론 중국 사람들도 가장 좋은 숫자로 여긴다. 숫자 3이 동양의 전통적인 음양 사상과 관련이 깊어 1은 최초의 양수, 2는 최초의 음수이며 1과 2를 합한 완전한 숫자라는 것이다.

만세도 삼창이요 스포츠에 있어서도 3회에 걸쳐 승부를 내지 않는가. 다음 달 2월 9일에 벌어질 평창동계올림픽도 유치를 위해 삼세번의 위대한 도전을 했었다. 형제의 승패가 어떻게 됐는지 미처 보지 못하고 내렸다. 어찌됐든 형제는 이 삼세번 즉 숫자 3의 완전함에 어느 쪽이든 승복을 했으리라 짐작해본다.

새해가 시작되면서 남발한 계획, 목표들이 수없이 떠도는 가운데 나는 두 번의 새해를 맞고 보냈지만, 그 어떠한 계획도 목표도 세우지 못했다. 일주일에 한 번씩 가는 노인주간센터, 어르신들의 유치원이다. 미술 치료시간에 봉사를 가고 있다. 내가 흘러가는 세월에 힘을 보태지 않았듯이 어르신들도 자진해서 그 흐른 세월에 도움을 주진 않았을 텐데 그분들의 시간은 너무 빨리도 흐른 듯하다. 세월을 견딘 흔적을 오롯이 받아낸 불편한 몸과 마음을 가진 할아버지 할머니들의 새해 소원은 자식들의 건강과 행복이었다. 자신들에게는 더 이상 무슨 목표와 계획이 있겠냐는 뜻으로 보였다.

이제 세 번째 마지막 새해가 한 달여 앞에 놓여 있다. 나 역시 주간센터 어르신들처럼 자식만의 행복을 빌고 있을 순 없다. 지금까지 세웠던 목표들이 '유령처럼' 나를 쫓아다니지는 않지만 그중 몇몇은 이 세상을 떠돌고 있을 것이다. 너무 이상에 치우쳐 '유령'이 될 목표 말고 내 삶에 안착할 소소한 계획 또는 목표 하나 생각해 봐야겠다.

『한국문학인』 2018. 봄호, 한국수필문학가협회 2018 『대표수필선집』

이별 연습

우리 참 좋았지요?

60년을 넘게 아무 탈 없이 잘 살아왔잖아요. 당신이 좀 이상해지기 전까지는 말이지요.

우리 그만 헤어집시다.

이건 나 혼자만의 생각은 아닙니다. 대한민국 일등 병원의 의사 선생님께서도 그만 헤어지는 게 좋다잖아요. 내 나이에는 그게 더 낫다고요. 그러니 당신이 나를 떠날 때는 까탈 부리지 말고 조용히 물러나 줬으면 좋겠어요. 그동안의 정을 생각해서. 아무리 요즘 데이트폭력이니 치정살인이니 끔찍한 낱말들이 난무한다지만 당신만은 너그럽게 나를 떠나 줄 것이라 믿습니다.

그동안 무던히 믿고 지낸 세월 63년, 우리 나쁘지 않았잖아요. 내 성격이 아기자기 애교스러움이 없는 까닭에 많은 표현을 하지 않았을 뿐 한 번도 당신을 의심해 본 적이 없었습니다. 그러나 의심은 안 했다지만 당신의 사랑을, 역할을 그리 깊게 생각하지는 않았던 것 같군요. 나는 당신이 늘 그 자리에서 오로지 나만을 위해 영원히 존재할 것이라 생각했었나 봅니다.

 아, 그것이 실수였고 오만이었다는 사실을 이제야 깨달은 나는 참 어리석은 사람입니다. 이제 당신의 부재를 앞두고 많은 생각을 하게 되는군요. 당신은 동의하지 않았지만 내 마음은 이미 당신을 버리고 새 삶을 계획하기 시작했거든요. 8월로 다가온 우리의 이별은 확정적이니까요.

 우리 정말 헤어집시다.

 3년 전 이별을 강력히 권유한 의사 선생님의 말씀을 듣지 않았음을 지금은 후회합니다. 현재 당신은 그전과 다르게 30%의 못된 마음을 지녔다는 걸 알게 되었으니까요. 그나마 100% 악함을 지니지는 않았다는군요. 하지만 나는 요즘 그것이 더 불안합니다. 당신을 헤집어 봐야만 못됨이 확인된다는 그 사실은 이별을 앞둔 시간들을 고문하고 있습니다. 이

걸까 저걸까 막연한 불안은 사람의 영혼을 갉아먹어 결국에는 마음을 피폐하게 만듭니다. 당신과의 이별을 빨리해야 하는 이유입니다.

그래서 생각합니다.

'그까짓 30% 비율 때문에 내가 이토록 불안하고 힘들어야 할 것인가. 그 비율은 긍정과 부정의 비율이 아닐까. 내가 부정의 30% 때문에 걱정을 하고 아파하면 70%의 내 삶의 건전성에도 금이 가지 않을까?'

하여 흰 늑대에게 먹이를 주기로 했습니다. 인디언 소녀가 그랬다지요.

"할아버지, 흰 늑대와 검은 늑대 중에 누가 이겨요?"

인디언 할아버지는 답했지요.

"네가 먹이를 주는 늑대가 이긴단다."

당신 너무 서운해 말아요.

저 살 궁리만 한다고 너무 노여워하지도 말고요. 그동안 고마웠어요. 당신과 헤어진 후 내가 언젠가 이 세상과도 이별할 때 당신의 수고로움을 기억하겠다는 약속을 하면 다소 무리일까요. 하지만 이건 진심이에요. 또 당신의 부재로 내 삶은 그전보다 힘들어지겠지만 견뎌볼게요.

살아보니 만나는 것도 중요하지만 잘 헤어지는 것도 대단히 중요하더군요. 그래서 이별 연습이 필요한가 봅니다. 우리 얼마 남지 않은 시간들 잘해 봅시다. 당신과의 이별은 언젠가 모를 이 세상과 헤어짐에도 얼마간의 도움을 주는 연습이 되겠네요. 당신의 너그러움으로 모범이 되었으면 좋겠어요.

안녕, 내 사랑, 나의 일부여.

*두 달 후에 예정된 30% 갑상선암의 수술을 앞두고 60년 넘게 동행한 갑상선의 노고에 고마움을 전합니다.

『선수필』 2020년 가을호

나 없을 때
이러면 안 돼

　물빛공원 앞 신호등에 빨간불이 켜졌다. 당연히 멈췄다. 그러나 멈추기는커녕 어린아이의 손을 잡고 건너편에서 당당히 길을 건너는 엄마가 있다. 나도 모르게 그 여자를 노려본다. 그 따가운 눈길을 느꼈을까. 그녀는 나 들으라는 듯 큰 목소리로 아이에게 말한다.
　"이러면 안 돼, 나 없을 때는."
　아이는 엄마의 말을 어떻게 이해했을까. 나를 힐끗 쳐다보고는 대답이 없다.
　불법을 저지르면서 엄마가 없을 때는 그러면 안 된다니 말문이 막힌다. 그럼 앞으로 이 세상 불법을 엄마가 다 막아주겠다는 건지. 저 엄마는 나중에 아이가 사회에서 큰 잘못을 저지르면 무조건 감싸주어 아이를 망칠 사람이다.

　며칠 전에 텔레비전에서는 무단횡단에 대한 방송을 했다. 최근 3년간 무단횡단 사망사고가 1,495건이 있었다. 하루 평균 약 1.3명이 무단횡단으로 인해 목숨을 잃고 있는 것이다. 제작진이 무단횡단 실태 파악을 위해 고양시 어느 횡단보도로 나갔다. 그곳은 200미터 간격으로 횡단보도가 설치되어 있고 30초 후 적색 신호에서 녹색 신호로 바뀌는 곳이었다. 그럼에도 불구하고 신호를 어기고 무단횡단을 하는 사람이 많았다. 핑계는 많았고 그중에서 건강을 위해 양배추를 사온다는 무단횡단자는 순식간에 건강은 물론 생명까지 잃을 수 있다는 것은 왜 모르는지 답답하다.

　법을 지키는 것은 기본이다. 기본에 충실할 때 즉 우리가 법을 잘 지키는 것만큼 거리도 안전하고 사회도 안전할 것이다. 그리고 기본에 충실하면 안전한 사회를 넘어 풍요로운 사회도 이룩할 것이다. 코로나19로 인해 1년 연기된 '2020 도쿄 올림픽'이 8월 8일 폐막했다. 올림픽에 참가한 우리 선수들 특히 아깝게 메달을 놓치고 4위를 한 선수들이 화제다. 그동안 메달을 따지 못하면 죄인처럼 고개 숙이며 죄송하다고 울먹였던 것이 사실이다.

그런데 이번에는 '고개 숙이지 않는 4위들'이라는 언론의 제목처럼 그들은 긍정적이었고 당당하게 다음을 약속했다. 기본에 충실했고 열심히 노력했으며 최선을 다했기에 이들의 미래가 기대에 넘쳐나는 것이 아닐까.

말복 지나 약간 고개 숙인 폭염 속에 잇달아 지나가는 태풍 탓일까. 뜨겁던 바람에 손톱만큼의 청량함이 묻어나는 날이다. 마트에 들렀다가 집으로 들어오는데 '방문차량진입금지 입주자전용'이라는 눈에 확 들어오는 현수막이 차량 진출입구 양쪽에 자리하고 있다. 그걸 보고 나는 '저건 우리 남편의 업적(?)이네.'

혼자 웃는다.

지난 7월 어느 날 퇴근 시간 남편은 아파트 입출구 차단기 앞에서 뒤에 있는 차와 접촉사고를 냈다. 요즘 대부분의 아파트엔 차량 진출입구가 입주자 전용과 방문자 겸용으로 구분되어 있다. 가끔 입주자전용 출입구로 들어오다 보면 방문차량이 잘못 진입하여 뒤로 여러 대의 입주민 차량이 줄지어 기다리는 경우가 있다. 분명 차단기를 비롯 차단기 앞 입간판에도 '입주자전용 외부차량 및 미등록 차량 정문이용'이라고 되어 있는데도 말이다. 모르고 들어서는지, 알면서도 차단기가 열리리라는 안이한 생각으로 진입을 하는지 모르지만 사고의 위험성은 늘 존재했다. 진입하지 못한 방문차량이 후진을 하면 뒤에 줄지어 기다리는 여러 대의 차량이 후진을 하여 그 차량에 길을 비켜줘야 하기 때문이다.

그날도 남편의 차량 앞에 방문차량이 있었고 당연히 차단기는 열리지 않았다. 얼마 후 그 차량은 후진을 했고 남편 역시 후진을 했다. 아뿔싸, 남편 차량 뒤에도 대기 차량이 있었다는데. 우리 차량 뒤에 부착된 감지기는 아무 경고음을 내지 않았고 차량 안에 있는 모니터에도 뒤 차량이 보이지 않았단다. 그렇다고 하더라도 우리 차가 후진을 하면 당연히 뒤에 있는 차도 뒤로 물러야 할 것이고 최악의 경우 경적이라도 울려야 했는데 아무 움직임이 없었던 그 차는 우리 차에 부딪히고 말았다. 살짝 닿아 어디가 망가졌는지 말하지 않으면 모를 정도였지만 차주는 수리를 요구했고 보험처리를 하느라 한참 시간이 걸렸다.

이 사회에서 질서를 위해 법을 지키고 서로 약속한 규약을 지키는 것은 모두를 위한 기본일 것이다. 남편의 사고 역시 후진을 하면서 감지기와 모니터만이 아닌 육안으로 좌우, 뒤를 확인하는 기본을 놓친 결과다. 사고 며칠 후 우리 단지

후문 출입구 좌우에는 노란 바탕에 검은 글씨의 큼지막한 현수막이 더 내걸렸다. 남편의 민원 때문인 것이다. 그러나 아직도 기본이고 상식적인 규칙을 어기는 사람들로 인해 입주민 전용출입구는 열리지 않는 차단기 앞에 늘어선 차량이 목격되곤 한다.

『수필문학』 2021년 9월호

키 작은 달의
큰 행복

 두 돌 지난 손자의 키가 또래보다 작단다. 난 겁이 덜컥 났다. 안 되는데, 어쩐다니. 할머니 닮아 키가 작다는 소리는 듣고 싶지 않은 까닭이다. 제 어미의 키는 175센티가 넘는다는데. 제발 어미의 키를 닮아야 할 텐데. 손자의 큰 키를 빌어본다.
 이달은 키가 작은 2월이다. 코로나19로 해외여행은 길이 막혔고 국내 여행도 장거리 숙박여행은 내키지 않아 제주도는 엄두도 내지 못하고 있다. 그래서 하루에 다녀올 수 있는 곳으로 길을 나서기로 했다. 충주 집에서 가까운 충북 음성, 진천을 비롯하여 강원 동해바다와 안동, 그리고 용인 집에서 출발하여 제부도를 다녀온 것이다.

반갑다, 음성

2월 첫째 주 금요일, 용인 집에서 충주 집으로 가면서 음성에 들르기로 했다. 음성엔 엄마가 영원한 안식을 취하고 계신 곳이기도 했고 충주 집과 근거리이기도 해서 자주 들렀던 곳이다.

그동안 가보지 않았던 반기문 전 유엔총장의 생가로 향했다. 산의 정기가 강한 삼신산(三神山)이라는 산을 뒤로하고 반 사무총장의 생가를 비롯하여 여러 곳이 자리하고 있었다. "삼신산의 정기가 발동하게 되면 이곳에선 전 세계적으로 이름을 떨칠 수 있는 커다란 사람"이 태어날 것이라는 전설이 있었다고 한다. 그렇다면 반 총장은 그 삼신산 정기 덕을 보았으려나?

용산저수지다. 전국에 한파경보가 내린 날씨답게 저수지 겨울바람이 매몰차다. 추운 날 찾아준 손님에 대한 예의는 아닌 듯싶은데, 저수지와 햇빛과 흰 구름은 저희끼리 좋아라 한 편이 되었다. 난 그들과 달리 찬바람에 발길이 빨라진다. 저수지 옆에 있는 봉학골 산림욕장을 거쳐 봉암성지에서 성모님 앞에 초를 밝혀 기도하고 돌아온다.

"상해에서 당신의 모자가 안부 물어요."

"여기는 상해, 대한민국 충북 음성에서 중국 상해까지 와서 잘 지내는 모자가 주인님의 행복을 빕니다."(2019년 음성 품바축제에서 만난 모자. 같은 해 한국수필문학가협회의 상해문학기행에 참여했다가 그곳에 두고 온 모자이다.)

보고 싶었다, 추암

2월 첫째 주 토요일 한파경보에 겨울바람이 아주 독하다. 더구나 거칠 것 없는 바다에서 찬바람은 아무도 막을 수 없는 절대자다. 오래전에 추암 촛대바위의 겨울 절경을 멋지게 찍어 컴퓨터에 저장했으나 순간의 실수로 사라져버렸다. 그 삭제된 추억을 소환하고자 추운 날 길을 나섰다. 해돋이 명소이며 애국가 첫 소절 배경화면인 추암 촛대바위는 여전히 많은 사람들의 사랑을 받으며 그 자리에서 나를 반긴다. 조금 떨어진 곳에서는 새로 생긴 추암 출렁다리가 에메랄드 빛 바닷물과 해안절경을 내려다보고 있다.

그 당시 존재하지 않았던 것이 어디 출렁다리뿐이랴. 다음 행선지 한국의 나폴리라는 장호항에도 삼척해상케이블카가 바다를 가로질러 운행되고 있다. 무모하리만치 반복되는 파도의 도전은 언제나 하얗게 부서져 소득 없이 끝나는 듯하다. 거센 바람의 유혹에 흔들린 대가일까. 바닷바람의 심술로 케이블카 탑승은 다음으로 미룬다.
"추암 촛대바위가 반가움을 전해요."
"그 옛날 저를 만나고 많은 시간이 흘렀네요. 20여 년 만에 다시 만나니 많이 반갑습니다."

쓴 커피가 달콤했던 이유, 진천
2월 셋째 주 금요일 진천성당에 도착했다. 성당을 이곳저곳 둘러보고 나오려는데 자매가 다가와 인사를 건넨다. 카페에 들어와 커피 한잔하고 가란다. 요즘 코로나로 인해 사람 마주하기 어려운데 선뜻 커피를 권하는 인심에 날름 대답하고 카페로 들어선다. 향긋한 커피에 간식까지. 이 무슨 횡재인가 싶어 입꼬리가 저절로 올라간다. 생거진천 이곳저곳 둘러보고 진천을 떠날 때까지 성당에서 마셨던 커피의 향내가 가시지 않았다.
"주님의 일용할 양식은 장소를 가리지 않네요. 감사합니다."

친구야, 보고 싶다.
2월 셋째 주 토요일 충주 집에서 출발해 안동 태화동에 이른다. 50년이 지난 세월에도 서악사 밑에 있는 동네는 여전하다. 남편이 형과 같이 중학교를 다닐 때 자취방이 있던 집 또한 아직도 건재하다.

남편은 그 옛날 추억을 엿보듯 살그머니 열려있는 오래된 대문 앞에서 서성인다. 내 친구도 태화동에 살았는데, 1975년 10월 24일 마지막 엽서에는 이사해서 주소가 바뀌었다는 얘기가 있었지. 안동시 태화동 1통 4반 박OO 씨 댁, 친구의 주소였다. 경북 의성의 초등학교에서 만나, 나는 여주에서 친구는 안동에서 여고생이 된 후였다.

50년 가까이 흐른 지금 그 친구가 태화동을 떠나지 않았다면 그녀의 모습을 찾을 수 있을까, 여기저기 두리번거린다. 맙소사! 말도 안 되는 상상에 도리질을 하고 떠나면서 소식을 끊었던 그때를 후회한다. 안동댐 월영교 앞에서 헛제삿밥을 먹고 예안면 묵계리 만휴정에서 안동선비의 여유를 느낀다.

"친구야, 먼 길 왔구나. 얼굴 보지 못해 아쉽구나. 그래도 서로를 기억하고 마음에 품은 친구의 발걸음은 정겹구나."

그 옛 친구는 이렇게 말하지 않을까.

빨간등대, 제부도

2월 넷째 주 금요일, 오랜만에 제부도에 가기로 한다. 용인에서 가기는 처음인데 물때를 기다려 들어가던 제부도를 전곡항에서 제부도해상케이블카(嶼海浪)를 타고 들어간다. 제부도 빨간 등대를 맴돌던 갈매기와 매바위 앞 광장 갈매기들의 성화같은 환영사에 몸둘 바를 모르겠다. 알고 보니 관광객들이 던져주는 먹이에 환호하는 것을. 때때로 착각하며 사는 것도 인생이거늘.

짧은 2월에 송도와 영등포 두 곳의 결혼식장과 안동 등 여러 곳을 다녀오며 코로나19로 어려운 중에 큰 행복이 아니었나 싶다. 3월 1일 평택호에서 언제나 내 편인 주님의 은혜와 키 작은 달의 수고에 감사를 전한다.

『수필문학』 2022년 4월호

후투티의 계절

　생명의 불꽃이 꺼지고 있다. 연일 귀중한 생명이 스러져 가고 있는 것이다. 작년 2월 24일 러시아의 침공으로 우크라이나의 국민들은 죽임을 당하고 다른 나라로 대피하는 등 아직까지도 지옥 같은 삶을 이어가고 있다. 이제 우리나라는 모든 생명의 움이 트는 봄이 왔는데, 그들의 나라에는 과연 언제 봄이 올 것인가. 온통 암흑의 나라에 평화의 봄이 오기나 할는지.
　훗~ 훗~ 훗~, 후훗 후훗.
　후투티가 울고 있다. '아, 그래 또 너의 계절이 돌아왔구나.' 머리의 멋진 왕관모양이 인디언 추장의 머리 장식을 닮아 '인디언 추장새'라는 별명이 붙었다는 후투티. 흔치 않은 여름새로 우리 주변 흔하게 있는 논, 밭, 과수원, 하천변 등에서 볼 수 있다. 특히 뽕나무 주변에 많아 '오디새'라고도 불린다. 후투티는 여름철새이지만 점차 텃새로 변화하고 있는 탓인지 겨울철에도 이곳저곳에서 관찰되기도 한다. 그러나 남부지역에서는 가끔 발견되기도 했지만, 중부 이북에서는 발견이 드물었다. 그런데 올겨울 철원군 민통선 내 최북단 지역에서 겨울나기를 하는 후투티가 발견되기도 했다. 아직은 대다수의 후투티는 봄을 맞아 모든 생명들이 잔잔한 움직임을 시작할 때 나타나는 새이다.

봄이다. 충주 오두막에는 무스카리, 수선화, 백합, 참나리, 매발톱, 할미꽃, 구절초 등 겨울 동안 땅속에 묻혀있어 존재감이 없던 것들이 있었다. 그 흔적 없던 것들이 모두모두 고개를 뾰죽뾰죽 내밀어 그들의 존재를 알리기 시작하니 소리 없는 아우성이 마당에서 봄볕과 춤을 춘다.

산책을 나왔다. 용인 남사 우리 아파트 옆 동네 800년 된 느티나무(보호수)가 있는 곳으로 길을 잡는다. 하천 옆 논둑에는 꽃다지들이 왁자지껄 노랗게 꽃을 피우고 그 옆에는 길냥이가 봄볕에 졸고 앉았다. 또 하천 건너편 마을 어느 집 앞마당엔 고양이와 까치가 영역 다툼을 하는가 먹이 싸움을 하는가, 고양이를 향한 까치 소리가 봄빛 가득한 이 조용한 동네에 봄 아지랑이처럼 퍼진다.

봄이 왔고 후투티도 왔으니 농부들의 손길도 바빠질 것이다. 봄은 온갖 생명을 가지고 왔으니 농부들 또한 그 생명을 가꾸고 때가 되면 생명의 결실을 거둬들여야 할 것이다. 그래서 먹을거리를 책임지며 그 활동을 통하여 모든 사람들의 삶과 생활 즉 인간의 생명에도 관여한다고 할 수 있지 않을까.

그 막중한 일들을 위한 농부의 마음은 편하지만은 않다. 씨앗을 뿌린다. 그들이 모두 발아의 기쁨을 주지는 않을 것이다. 또 발아를 하고 자라기까지 농부는 거친 비바람과 뜨거운 태양과 온갖 병해충과도 씨름해야 할 것이다. 때때로 퇴비와 비료로 그들의 영양을 챙기는 것도 잊지 말아야 한다. 그렇게 온갖 고난을 물리치고 잘 자라준 작물들은 농부의 보람이 될 것이다. 농부는 비바람과 한여름 타는 듯한 태양과 병해충을 이겨낸 그들이 대견하고 고마울 것이다. 그 뿌듯함은 농부가 겪어왔던 땀과 수고로움에 대한 보답이 되고도 남는다. 그때쯤이면 농부에게는 비바람도 태양도 모두 감사한 마음의 대상이 되리라. 아무리 힘들어도 훌륭한 결과의 지난 일은 좋은 추억이 될 수도 있기 때문이다.

작가도 농부와 다르지 않으니 작품을 생산하는 것이 의무요 권리일 것이다. 사진작가로 활동 중인 친구는 오늘 좋은 작품을 얻었다고 무척이나 기뻐했다. 많이 축하하면서 나도 마음이 흐뭇했다. 괜찮은 작품을 만나는 것이 얼마나 어려운 일인지를 아는 까닭이다. 한편 부러웠다. 내가 30년을 넘게 생산해왔던 많은 수필 작품 앞에서 저 친구처럼 맘에 들고 흡족하여 마냥 기뻐했던 작품이 몇 편이나 있었던가. 모든 작가들은 훌륭한 작품을 원한다. 전국을 누비는 사진작가들의 발걸음을 어찌 과소평가할 수 있으랴.

수필작가 또한 마찬가지다. 좋은 수필을 쓰기 위한 발걸음은 전국을 돌다 뿐일까. 그것은 몸으로뿐만 아니라 작가의 정신세계는 전 세계를 넘나들고 우주를 향해야 한다. 어느 때는 지난 세기를 돌아봐야 하며 그 시선은 이 세상 창조 시기까지도 이어져야 하는 것이다.

농사의 계절, 생명을 가꾸는 시기 그리하여 결실을 예약하는 기간. 그동안 걸출한 작품생산을 기대하며 일 년 열두 달 봄처럼 씨를 뿌렸지만 나에게 화려한 결실의 계절은 언제쯤 달려와 줄 것인가.

후투티가 이 산 저 산, 이곳저곳에서 "기다려 보라."고 소리치고 있다.

"훗~ 훗~ 훗~"

'하 하 하' 웃을 날이 있을 것이라고. 무엇이든 다시 시작하기 좋은 아름다운 봄, 후투티의 계절이다.

『수필문학』 2023년 5월호

우연과 운명

비가 오네요.

저의 주인은 냉면을 드시겠다고 저를 데리고 집을 나섰어요. 용인 시청 앞에 있는 냉면집을 가는데 차를 가져가지 않는다네요. 대신 집 앞에서 버스를 탄다고요. 정류장에서 버스를 기다린 지 오래지 않아 차를 탔군요. 그런데 아, 어쩌나. 저를 두고 가셨네요.

울지 마라
외로우니까 사람이다
살아간다는 것은 외로움을 견디는 일이다
공연히 오지 않는 전화를 기다리지 마라

눈이 오면 눈길을 걸어가고
비가 오면 빗길을 걸어가라

 정호승 님의 시 「수선화에게」 앞부분입니다. 무슨 뜬금없이 시 얘기를 하느냐고요? 이 시가 저와 인연이 있기 때문이지요. 저는 우산입니다. 앞서 말씀드린 정호승 님의 시 「수선화에게」 중 '눈이 오면 눈길을 걸어가고, 비가 오면 빗길을 걸어가라'는 부분이 고운 주황색 바탕에 하얀색으로 예쁘게 적혀 있지요. 3단으로 된 저는 접으면 한 뼘 정도의 아주 이쁜 우산이랍니다. 그뿐인가요. 미모뿐 아니라 시(詩) 좀 아는 우아하고 지적인 우산인 게지요.
 우리가 만나 함께 지낸 기간이 아마도 6~7년은 지났지 싶습니다. 이곳 용인으로 이사 오기 전 인천 소래포구 근처 논현동에서 처음 만난 것 같으니까요. 책을 좋아하는 주인이 매월 책을 구매하는 대형 인터넷 서점에서 이벤트 상품으로 주인에게 보내진 저입니다. 6~7년이면 그 세월의 길이가 결코 짧지 않다고 생각합니다. 또 그동안 주인은 특히 저를 사랑하여 비 오는 날이면 항상 데리고 다니는 정성을 보이기도 했고요.

이런 저를 주인은 무심하게 정류장 의자에 팽개치고 버스를 타고 가버렸군요. 고상하고 품위 있는 저는 고래고래 소리치는 대신 버스 꽁무니를 하염없이 바라보고 있지요.

다시 볼 수 있을까요.

"쉿" 누군가 차를 타러 오고 있어요. 혹시나 저를 발견하고 저에게 손을 대면 어쩌나 가슴이 조마조마하군요. 아니, 어쩌면 저를 내팽개치고 가버린 주인 대신에 맘씨 좋은 새 주인을 만나는 것도 괜찮을 듯싶네요.

다시 만났어요.

그럼 그렇지, 저의 주인은 저를 버리지 않았어요. 감격의 재회를 했군요. 주인은 냉면집에 들어가면서 제가 없다는 걸 알았다네요. 그렇지만 바로 되돌아 나오지 않은 것은 걸어올 수 있는 거리도 아니었지만 제가 이미 그 자리에 없을 수도 있겠다는 생각을 했다는군요. 저는 정류장 의자에서 누군가 저를 데려갈까 오들오들 떨면서 목이 빠져라 주인만을 기다리고 있었는데 말이지요. 뭐 제가 할 수 있는 일도 없었지만 다시 만나리라는 믿음만은 꽉 붙들고서요. 아무튼 감격의 재회를 했어요. 믿고 기다리는 건 좋은 결과를 가져온다는 것을 오늘 다시 깨달았답니다.

이산가족이 있지요. 대표적으로 남북의 이산가족들은 수십 년의 세월을 헤어져 살고 있지요. 살아생전 그들의 재회는 가능이나 할까요. 다시 만나니 이리 좋은데 혈육의 만남이야 말해 뭐하겠어요. 다시 만나야 할 사람, 다시는 만나지 말아야 할 사람, 아니, 만나고 싶지 않은 사람도 있겠군요. 하지만 우린 이제 다시 만났으니 제가 사람은 아니지만, 가족의 일원으로 대우받고 싶은데 어이없는 욕심일까요. 요즈음 인간 세상에서는 가족의 형태가 많이 바뀌고 있던데 말입니다.

'우리 만남은 우연이 아니야.'

노래 가사처럼 제가 주인과 처음 만남은 우연이 아니었고 오늘 다시 만남은 운명이라고 믿고 싶은 날입니다.

『진주남강문단』 2023년

세 베로니카

여기 세 베로니카가 있다.

먼저 파울로 코엘료 장편소설 『베로니카, 죽기로 결심하다』의 주인공 베로니카를 만나보자

스물네 살 베로니카는 젊고 아름다웠고 남자친구도 있었으며 직업도 있고 가족도 있었다. 더구나 그녀가 세상에서 가장 사랑하는 사람인 엄마는 베로니카가 "훌륭한 교육을 받을 수 있도록, 피아노와 바이올린을 배울 수 있도록 자신의 삶을 희생했고, 자신은 몇십 년째 입는 낡은 옷 한 벌로 만족하면서, 딸만은 공주처럼 차려입도록, 유명 상표의 옷을 입고 신발을 신을 수 있도록 밤낮으로 일한 완벽한 주부였"던 것이다.

그러나 베로니카의 삶에 공허함이 찾아들고 일상이 지루해지면서 이 세상 모든 것과의 관계를 끝내고 싶었던 것일까. 그녀는 자살을 시도하고 정신병원에서 깨어난다. 빌레트 정신병원에서 그녀는 증오할 수 있는 모든 것을 증오했고 결국에는 '어떻게 나는 내게 사랑만을 준 누군가를 증오할 수 있는 거지?'라고 생각하면서 엄마에게도 증오심을 느끼기 시작했다.
 그러나 정신병원 환자들의 사회적 규범을 벗어난 자유로운 행동들을 보고 베로니카도 그들과 합류하게 되며 아이러니하게도 새롭게 살아갈 수 있는 힘을 배워간다.

 다음은 고구마 베로니카이다
 충주 오두막에 고구마를 심기로 했다. 그곳에서 가까운 충주시 산척면에는 고구마가 유명했다. 온라인상에서 인기를 끈 충주시 홍보물에는 "고구마계의 호날두 산척 고구마"라고 되어 있다. 오래전 처음 먹어본 산척 고구마는 "고날두"답게 맛이 있었다. 그래서 산척 고구마를 심기로 하고 모종을 사러 갔다. 그런데 적은 수의 모종은 판매할 수 없다고 해서 빈손으로 돌아와야 했다. 손바닥 밭에는 심어야 할 것도 많아 고구마는 조금만 심기로 해서 모종이 많이 필요하지 않았던 것이다.
 장호원으로 가기로 했다. 나이가 지긋한 부부가 하는 가게

인데 매년 상추 등의 모종은 줄곧 그곳에서 구입했던 터였다. 가게에 도착하니 출입문 창에 붙어있는 서툴게 쓴 '베로니카'가 적힌 공책장이 눈에 띄었다. '베로니카'라는 글자에 내 눈이 커졌다. "베로니카는 뭐예요, 꽃이에요?" 물었다. 고구마란다. 적은 수의 고구마 모종 구입이 가능했고 "고구마가 달고 맛있어요."라는 주인의 말보다 이름에 이끌려 모종을 샀으며 그 후 해마다 '베로니카' 고구마를 심었다.

고구마 '베로니카'는 숙성을 거치면서 당도가 극대화되는 품종이었다. 처음에는 밤고구마 같으나 1~2주 정도 숙성시키면 점성이 강해져서 촉촉해지며 당도가 높아진다. 호박고구마와 밤고구마의 장점만 모은 품종이다. 달콤한 맛에 '꿀고구마' 또는 '첫사랑 고구마'란 애칭도 갖고 있다. 그런데 알고 보니 '베로니카' 고구마는 '베니하루카'라는 이름으로 더 많이 불리고 있었다.

마지막으로 내 세례명 베로니카이다

1993년 3월 28일에 하느님의 자녀가 되었다. 세례명은 베로니카이다. 그러니까 베로니카 성녀는 나의 수호성인이시다. 축일이 7월 9일이신 성녀이시다. 이탈리아 우르비노의 메르카텔로 출신인 성녀는 관상생활과 활동을 잘 조화시켰고 34년 동안이나 수련장직을 맡았다. 1716년에는 원장으로 선출되어 죽을 때까지 책임을 다하였다. 성녀 베로니카는 여러 가지 초자연적 은혜를 받은 18세기의 위대한 신비가로 유명하다. 1839년 시성되었다.

축일이 7월 12일이신, 예수께서 골고타 언덕으로 십자가를 지고 가실 때 예수님의 얼굴에서 흘러내리는 피땀을 닦아준 예루살렘의 어느 부인인 베로니카 성녀도 있다. 축일이 7월 9일인 나에게 7월 12일에 축일 인사를 전해오는 사람들이 많다.

현실의 나 베로니카와 허상의 책 속 베로니카는 직접적으로 아무런 관련이 없다. 또한, 고구마 베로니카와도 실제적인 연관이 없음은 물론이다. 어찌 보면 뜬금없어 보이기도 하다. 그러나 우리의 삶은 서로서로 연결되어 있으며 그 뜬금없음 또한 삶의 일부인 것을. 산다는 것은 언제나 연관 없어 보이는 것, 갑자기 들이닥치는 그 모든 것들조차도 수용해나가는 것이라고 생각한다. 그래서 세 베로니카는 보이지 않는 연(緣)으로 연결되어 있음이다.

『선수필』 2022년 가을호

무엇을
담아야 하나

 끌어 담았다. 원 없이 쓸어 담았다. 내 평생 아니, 삼대가 쓰고도 남을 돈을 마구마구 퍼 담았다. 그때 누군가 물었다.
 "그거 다 뭐 할 거니?"
 대답도 하기 전에 눈이 떠졌다. 허망한 한바탕 꿈이었다. 잠재된 욕심의 처참한 결말이려나. 정작 현실의 포대에는 한 푼도 없는데 내 마음의 자루에는 끝없는 욕망이 그득그득 담겼다.
 모내기를 앞두고 겨우내 먼지 펄펄 날리던, 마를 대로 마른 논들이 물을 담기 시작했다. 물을 담은 논들은 물만 담은 게 아니라 하늘도 담고 하늘에 높이 떠오른 아침 해도 품는다. 산 밑의 논들은 데칼코마니처럼 기다랗게 산을 담는다.

또 날아가는 새들은 물론이고 보름밤이면 둥근 보름달도 넉넉한 품에 안는다. 그리하여 드디어 가을이면 누런 황금 물결로 일렁이는 풍성한 양식도 담으리라.

모내기할 논에 물을 모두 퍼주고 앙상하게 드러난 저수지 바닥이 있다. 그 모습이 자식들에게 모두 빨려 쭈그러진 노모 젖가슴처럼 메말라 보이지만 그 위로 보이지 않는 그득한 뿌듯함이 풍성하게 자리한다.

나는 평생 무엇을 담았을까? 어린 시절 희망과 기쁨과 순수를 담았고 때때로 아픔도 담았으리라. 그때 내 기억 안에 담겼던 희로애락은 씨실 날실로 정교하게 짜였다. 그래서 내 생애 하나의 시기가 완성되었다. 그 시기의 긍정적이고 희망적인 기억들은 살아오면서 내게 힘이 되는 자양분의 역할을 톡톡히 해왔다.

청소년기를 지나 중년이 되고 또 세월을 훌쩍 뛰어넘어 노년으로 접어들고 있는 지금 내가 담은 것이 무엇인가 돌아본다. 맛난 음식을 담는 그릇처럼 화려하게 쓰임을 다했을까. 내가 살면서 모든 아름다움만 담지는 않았을 것이다. 쓰레기를 가득 담은 쓰레기 수거차를 좋지 않다고 말할 수 없듯이 힘든 곳에서조차 열심히 사는 생을 담아 여기까지 왔을까.

결혼을 하고 아이를 낳고 그 아이의 아이를 보고 살고 있는 지금 글 쓴 지 33년이 되는 올해 작품집 3집을 준비하고 있다. 30대부터 쓰기 시작한 수필로 40대에 1집을 내었다. 50대에 2집을 출간하고 60내에 3집을 준비하고 있으니 그 수필집에 내 생이 모두 담긴 것이다.

"필요한 거 이상 가지지 마라. 불필요한 거 쌓아두지 말고 가진 거 나누고 가진 거에 기대지 마라. 열심히 일해 벌어 잘 살아라." 쉽고도 어려운 말들이다.

빅터 프랭클*의 말이다. "인생에서 일어나는 사건들은 그것이 아무리 힘들고 괴롭다 할지라도 그렇게 된 데는 무언가 의미가 있기에 그 의미에 대해 깨닫고 배우도록 재촉한다. 인생이란 그와 같은 배움과 깨달음을 얻는 과정이며 정신적 성숙과 영적 성장의 기회이자 시련의 장이다."

앞으로 노년의 삶을 살아가야 하는 사람으로서 빅터 프랭클의 얘기를 가슴에 소중히 담는다.

*빅터 프랭클: 제2차 세계대전 당시 독일 포로수용소에서 기적적으로 살아남은 오스트리아 심리학자

『선수필』 2024년 가을호

5 김소연 시모의 명당살이

김소연 시모

"아버지, 어머니 옷 한 벌씩 해 입으시고 저희 식장에 참석만 하시면 됩니다."

지난 3월 12일 결혼한 아들에게 결혼 전, 뭐 준비하면 되느냐는 나의 물음에 아들이 한 대답이다. 저희 둘이 모두 알아서 하겠다는 말에 따라 작년 12월 27일 종로 한복집에서 혼주 한복을 주문했고, 가봉(假縫)일 즉 시침바느질 날이 올 2월 16일로 정해졌다.

2월 16일 시침바느질 날에 옷집을 들러 옷을 입어보니 아무 이상이 없어 바로 한복을 찾아 옷상자를 들고 전철을 탔다. 이제 한 달도 채 남지 않은 아들 장가가는 날, 이 옷을 입고 식장에 참석하면 되겠구나! 했다. 순간 한복상자 옆구

리에 쓰인 글자가 눈에 확 들어왔다. '김소연 시모님'

그 옷상자에는 내 이름 석 자 대신 '김소연 시모님'이라는 여섯 글자가 쓰여 있었고 그 글씨들은 한 자 한 자 내 가슴으로 쏟아져 들어와 잔잔하지만 깊은 파문을 일으키고 있었다. '아! 드디어 내가 시어머니가 되는구나.' 가슴 깊은 곳에서 묘한 울림이 번졌고 그 울림은 내 얼굴에까지 올라와 가득 웃음을 머금게 만들었다.

그리고 3월 나는 정식으로 '김소연 시모'가 되었고 막내딸 같던 소연이는 내 며느리가 되었다. 친정어머니를 보내고 또 나의 시어머니를 하늘로 돌려보내 드린 후 내가 이제 시어머니가 된 것이다. 그래서 생각했다. 나는 지금 어디쯤 와 있는가. 백세시대라고 했으니 이제 삶을 $\frac{2}{3}$에 가깝게 살아낸 것일까. 조물주께서 나에게 100이라는 시간을 허락하신다면 말이다. 그렇다면 나는 현재 소위 세상의 좋다는 감투 하나쯤 꿰차고 거들먹거릴 지위에 올라 있는가. 결코 그래서는 안 되지만 그래도 한 번쯤은 그래보고 싶은 것이 솔직한 심정이다.

추석날 인천공항을 출발해 홍콩에서 승선한 배는 14만 톤급 크루즈 배인 'Royal Caribbean Voyager'호이며 '바다 위의 떠다니는 도시'라 했다. 배는 웅장했고 거대했고 화려했으며, 배 안에서의 모든 것은 즐거웠다. 지금 엄청난 크기의 로얄캐리비안 보이저호에는 3000여 명의 탑승객과 1000명이 넘는 승무원들이 타고 있다. 난 승선 4일째인 오늘 아침 식전에 11층에 있는 야외 수영장에서 그야말로 망망대해 바닷바람과 수영장 해수위로 쏟아지는 바다 햇빛과 더불어 수영을 즐기다 내려왔다. 그리고 아침식사를 하러 가고자 하는 지금 객실의 모니터에는 '19°42.19′ N, 111°53.05′ E'라고 이 배의 바다 위 위치가 표시되어 있다.

이 배는 계속 항해 중이니 위치는 자꾸 변할 것이다. 그러나 유람선이라는 지위는 바뀌지 않으리라. 나는 지금 베트남 다낭을 떠나 중국 산야를 거쳐 홍콩으로 향하는 배 안에 위치해 있으나 내일이면 홍콩에 닿을 것이고 인천에 도착할 것이니 내 위치도 바뀔 것이다. 그러나 딸이 없는 나에게 소연이는 저를 막내딸처럼 여겨달라고 했지만 그 아이가 호적상 딸이 아닌 이상 내 시모의 지위는 변하지 않을 것이다.

지금까지의 내 모든 지위에다 이제 시모의 지위를 얹어 세상의 일부가 되어 삶을 이어가게 될 것이기 때문이다.

『수필문학』 2016년 10월호

명당살이

나는 지금 용인에서 서울로 가는 고속버스를 타고 있다. 한때는 "1, 2, 3, 4번은 코로나19로 기사의 안전을 위하여 비워 주세요."라는 안내문이 붙어있었던 적이 있다. 버스 기사 뒤에 자리한 1, 2번은 앞쪽으로 시야가 막히는 곳이고 앞과 옆의 시야가 확보되는 건 3, 4번 자리이다. 바깥이 보이지 않으면 멀미가 심해지는 나에게는 단연 3, 4번 그중에서도 창 쪽인 4번 자리가 명당이다. 그러나 코로나19가 심하던 때는 첫 줄 자리에는 앉지 못했던 것이다. 몇 년이 지나 코로나19 종식 선언을 한 지금은 그 자리의 착석이 가능하다. 오늘은 당당하게 그 명당 4번 자리를 차지하고 앉아 서울로 간다.

어디 그뿐이랴, 현재 내가 살고 있는 곳 또한 명당으로 소문난 곳이니 '생거진천 사후용인'의 용인이다. 2018년 아무 연고도 없는 이곳으로 이사를 왔으니 그럼 나는 용인으로 죽으러 왔을까? 사후용인, 죽어서 묻혀야 후세에 복을 가져온다는 속설처럼 내 아들의 미래를 위해서 이곳 명당을 찾아왔더란 말인가?

경북 청송의 시골 마을이 난리다. 조용한 동네에 주민의 수보다 무덤의 수가 몇 배나 되는 일이 생긴 것이다. 그 무덤은 산뿐만 아니라 길옆에도, 밭의 중앙에도 생겨나고 있으며 자꾸 무덤의 수가 늘어나고 있어 주민들의 마음이 불편하다는 것이다. 어느 주민은 산 자와 이웃하고 싶지 누가 죽은 자와 이웃하고 싶겠느냐고 하소연한다. 그럼 왜 이 동네가 죽은 자들로 둘러싸이게 되었을까? 이곳이 묘지 조성의 명당이라는 소문이 났기 때문이다.

생거진천 사후용인, 살아서는 진천 땅이 좋고 죽어서는 용인 땅이 좋다는 뜻이다. 진천과 용인은 풍수지리적으로 주목하는 땅이다. 전해오는 풍수설화는 세 가지가 있지만, 자연의 현상을 풍수지리적으로 살펴보면 용인과 진천은 생기가 모이는 요건을 구비했다고 한다. 풍수에서는 산들이 넓게 둘러주고 물들이 모여들며 넓은 들이 펼쳐지면 최고의 마을 입지이다. 농업시대의 진천은 사람 살기에 좋은 땅이었을 것이다. 용인은 나지막한 야산들이 많은 곳이다. "평지에서는 한 치가 높으면 산이요 한 치가 낮으면 물이라고 하였는데 낮은 산들이 여기저기 뭉쳐 있으니 생기가 모이는 땅"인 것이다.

그래서일까. 용인은 조선사대부가 주목하는 땅이었다는데 한양에서 백 리까지는 왕릉 자리인지라 한양 백 리를 벗어나 용인의 땅에서 생기가 모이는 곳을 찾았던 것이다. "유교사상으로 조상숭배사상과 발복(發福)론이 대두되면서 용인의 땅은 묘지로서 가치가 높아진" 것이다.

그 가치는 현재까지도 이어져 오고 있다. 김대중 전 대통령은 선영을 용인으로 옮기고 대통령에 당선되었다. 또 이명박 전 대통령의 선영과 이병철 전 삼성그룹 회장, 정주영 전 현대그룹회장 일가의 종중 묘 등이 용인에 자리하고 있다. 그리고 내가 살고 있는 동네(남사)가 속해 있는 처인구에는 천주교 용인 공원묘원이 있다. 그곳에는 고 김수환 추기경과 21년 4월에 선종하신 정진석 추기경을 비롯하여 많은 사제들이 잠들어 계신다. 그 자리는 모현이다. 모현(慕賢), 어진 이를 사모한다는 동네인 것이다. 이 모현에는 또 한 분의 현인이 잠들어 계시니 그는 포은 정몽주 선생이다. 작년에 들렀던 묘소에는 뒤편으로 진달래가 선생의 충절처럼 붉었던 기억이 있다. 선생은 선죽교에서 피살된 뒤 황해도 풍덕군에 묻혔다가 1406년 이곳으로 옮겨왔다고 한다. 또 조선중기 문신 조광조의 묘와 신도비도 용인에 자리하고 있는 등 장, 차관급 이상 고위직을 지낸 인사들과 유명인들의 묘소도 즐비하다.

명당을 찾아들었다가 도로 나간 이들도 있었으니 전두환 전 대통령의 부인 이순자 여사의 조부 묘는 용인에서 다른 곳으로 이장했다고 한다. 또 전 국민이 알 만한 어느 인사는 용인의 3대 명산인 석성산 정기를 내려 받은 명당에 부친의 묘를 조성했다. 그러나 법을 어긴 사실이 드러나 다른 곳으로 이장해야 했다는 이야기도 전해진다.

대체 명당이 무엇이기에 이리 난리란 말인가. 내가 용인으로 이사를 온 것은 단순히 충주 집과 가까워서이다. 내게 있어 명당은 집값 땅값이 비싼 곳도 아니요, 학군이 좋은 곳도 아니다. 어느 곳이든 정을 주고받으며 감사하게 생각하며 살 수 있는 곳이다. 그런 곳이 정말 명당인 것이다. 아무튼, 나는 지금 타향살이지만 명당에서 잘 살고 있다.

『농민문학』 2023년 가을호

달팽이만 식구니

 지난 8월 지독한 더위가 많은 사람들의 숨통을 조이고 있었고, 살인적인 더위에 모든 생물들이 숨을 헐떡이며 늘어져 있었다. 그런 가운데 충주 오두막에 도착한 나는 돌담 밑 손바닥 밭 블루베리 아래에 잡초가 무성한 것을 보았다. 아니다. 그 전에 돌담 속 자그마한 구멍 속으로 드나드는 벌을 한 마리 먼저 본 듯도 하다. 주변에 많은 새와 나비 그리고 벌과 온갖 곤충들이 같은 공간에 살아가는데 그 벌의 존재가 그리 쉽게 내 눈에 띄었을 리는 없었다. 그러나 다음 순간 나는 그의 존재가 태산처럼 다가왔음을 고백한다.
 블루베리 밑 잡초에 살며시 손이 닿으려는 순간 그는 나에게 무지막지하게 달려들었다. "악" 비명을 내지르며 도망을 했고 정신을 차려보니 블루베리 옆 돌담에 몇 마리의 말벌이 존재하였음을 알게 되었다. 그렇다고 내가 저들을 해코지하고자 한 것도 아니고 단지 땅의 잡초에 손을 댄 것뿐이지 않은가? 다시 접근해 '너희는 내 목적이 아니야 잡초라니까, 그래 내 대상은 풀일 뿐이야! 너희가 아니란 말이지!' 이런 심정으로 손을 뻗은 순간 눈앞에 덤벼드는 검은 물체로 인해 혼비백산 도망쳐 집 안으로 들어갔다. 그리고 남편에게 "여보, 여보 쟤네 말벌인가 봐, 밭에 내려가지 마세요." 했다. 그때까지만 해도 그들의 무서움을 크게 깨닫지는 못한 채 말이다.

 얼마 후 남편은 말벌에 쏘인 손을 쳐들고 들어왔다. 나의 경고를 아니 말벌의 경고를 무시한 대가는 손등에 박힌 말벌의 독침이었다. 두 번이나 쫓아 보낸 인간이 있었음에도 또 나타난 인간에 대한 화풀이였을까? 괜스레 벌에게 쏘이지 않은 내가 남편에게 미안했다. 정작 그들을 화나게 한 것은 나인데 결국에는 남편이 당한 게 아닌가 하는 생각이 들었던 것이다. 흐르는 물에 씻고 독침을 빼고 응급치료를 한다고 했지만, 손등은 벌겋게 부어오르고 있었다.

 그리고 다시 오두막에 내려가기 전 일주일 내내 남편은

그들에게 복수할 방법을 고심하고 있었다. 하지만 나는 그들도 우리 집에 기거할 공간을 마련하고 같이 살고자 하는데 무자비하게 쫓아내야 하는가를 고민하고 있었다. 하나 남편의 결심은 확고했다. 그도 그럴 것이 아직까지도 벌이 남긴 후유증으로 고생하고 있었으니 더 이상 나도 남편을 말릴 명분을 찾을 수 없었다. 그래도 우리 식구(?)인데 하는 생각은 떨쳐버리지 못했다.

작년 출판한 수필집에 「달팽이와 식구하기」란 글이 있다. 조금 심은 김장배추를 달팽이가 다 먹어치우는 것을 본 나는 이렇게 썼다.

"식구(食口)란 말이 있지요. '한집안에서 같이 살면서 끼니를 함께 먹는 사람'을 가리키는 말입니다. 그렇게 본다면 놓아준 아니 정확히 말하면 죽이지 못한 달팽이들이 하루 종일 또는 며칠이 걸려 돌아와 배추를 다 먹어 버린다 하더라도 어쩔 도리가 없지 않겠습니까. 끼니를 함께 하지는 않지만 내가 거처하는 오두막에서 내가 먹는 배추를 함께 먹자고 끊임없이 호소하는 달팽이들이니 말입니다. 올가을에는 그렇게 달팽이와 식구가 되었습니다."

그렇다. 달팽이가 끼니를 함께 먹지는 않더라도 우리배추를 같이 먹어 식구가 된 것처럼 말벌 또한 식구의 뜻 '한집 안에서'라는 것에 멈추면 우리의 식구가 되는 것이지 않겠는가. 식구의 마음을 아프게 해야 한다는 것에 일주일이 더디 흘렀다.

  올 것이 오고야 말았다. 드디어 119 대원이 출동한 것이다. 남편의 복수극은 본인이 출연하는 것을 포기하고 119 대원을 무대에 올린 것이다. 119 대원들은 중무장을 하고 돌 틈에 있는 우리 식구(?)의 보금자리를 사정없이 파괴하고 그 증거물을 우리에게 보여주었다. 그리고 요즘 119신고의 70~80%가 벌집 제거라며 또다시 벌집을 발견하면 직접 제거하지 마시고 꼭 신고하라며 돌아갔다. 대원들을 배웅하고 돌아오니 거실 밖 유리 창가를 날아다니는 말벌 한 마리가 있었다. 미안하다는 사과라도 받아가려고 찾아온 것일까?

  "미안해, 미안하다고. 그래도 어떡하니? 너희들이 위협이 되는 걸." 행여나 공격하면 어떻게 하나 제대로 쳐다보지도 못하며 진심어린 사과를 하는데도 떠나지를 않는다. 집이 없어지면 다른 곳으로 갈 것이라고 했는데 쟤는 왜 여기서 없어지지 않는 거야. 혹시 복수를 계획하고 있지나 않을까 걱정이 되었다.

  9월이 지나고 10월 첫 주 아들 내외와 오두막에 들렀다. 테라스 중앙에 있는 파라솔을 펼치던 남편이 말벌을 보고 깜짝 놀란다. 난 꿀벌을 잘못 보았으려니 했다. 그러나 말벌은 그사이 처마 밑에 집을 지어놓고 있었다. 지난번 마당 끝 돌담보다 더 가까이에서 말벌의 위협이 시작되니 그냥 있을 수가 없었다. 옆집에서조차 '어쩐지 말벌이 날아다니더라.'며 신고하기를 원했다. 다음 날 우리는 또 벌들에게 미안했지만 신고를 했고 그들의 안식처가 제거됨과 동시에 우리의 신변은 안전해졌다.

  한바탕 난리를 치르고 인천 집으로 돌아오려는 준비를 하려고 방으로 들어갔다. 무심코 창으로 마당을 내다본 순간 비명을 지르지 않을 수 없었으니 단풍나무 밑에서 잔디밭으로 걸쳐진 기다란 물체 때문이었다. 뱀이었다. 몇 년 전 뒷마당에서 아기 뱀을 본 후로 뱀은 물론 그렇게 큰 뱀은 처음이었다. 다행히 독사는 아닌 듯했다. 우리 네 식구의 시선을 의식했을까? 뱀은 천천히 몸을 돌려 단풍나무 밑 회양목 속으로 사라졌다.

  큰일이다. 우리 집에 사는 것들은 다 식구라 생각했는데 그럼 저 뱀도 우리 식구네? 하는 생각을 하니 뭔가 조금 꺼림칙하다. 그리고 보니 꺼림칙한 뱀만 있는 것이 아니었다. 잠자리, 방아깨비, 사마귀, 여치 등등 지난주 인천 집으로 돌아오는 자동차 보닛에 올라앉았던 메뚜기를 비롯하여 온갖 가을 곤충들과 여러 생물들이 우리 집에 살고 있었던 것이다.

이들은 "달팽이만 식구니?" 하는 듯이 우리 집을 제집처럼 비워 둔 4일 동안은 저희들끼리 그리고 우리가 그곳에 가 있는 3일은 우리와 함께 같은 집에서 식구처럼 살아가고 있다. 그런데 자꾸 양심의 언저리에서 울리는 소리, 말벌들의 소리 "나도 식구야~"라고 하는 소리가 맘속을 맴돈다. 그러나 "식구는 서로를 위협하지 않는 거야"로 그들의 안식처를 헐어버린 죄책감을 달랜다.

『선수필』 2016년 겨울호
『한국현대수필 105인선』 2023년

우리 가족 할래?

　안동 하회마을로 엄마의 부용대를 보러 간 날 하루 종일 봄비가 내렸습니다. 하회(河回)라는 동네 이름처럼 굽이도는 강물은 온 동네를 감싸고 있었지요. 그 강물과 마을을 굽어보고 서 있는 부용대는 엄마의 어린 시절도 잘 알고 있을 겁니다. 하회마을에서 나고 자란 엄마이니까요. 퇴계 선생의 제자였던 서애 류성룡 선생의 후손인 울 엄마는 역시 퇴계의 제자였던 학봉 김성일 선생의 후손인 아버지와 혼인을 하셨지요. 그리고 타향에서 사시면서 엄마는 자주 고향의 병산서원과 부용대를 입에 담곤 하셨습니다.
　함께하지 못하는 엄마의 생신이 지나고 자꾸 엄마가 보고 싶은 나는 갑자기, 급하게 부용대가 보고 싶어졌습니다. 요즘 봄비가 하루가 멀다 하고 내리더니 하회마을로 달려가는 길에도 동행을 하자고 하네요. 그렇게 봄비를 대동하고 내려가 부용대와 마주했지요. 그곳은 2016년 아들을 장가보낸 3월이 시나 5월에 아들, 며느리와 하회마을에 가서 보았던 그대로 말없이 서 있었습니다. 안동댐 옆 선산에 모신 시부모님께 인사드리고 하회마을로 발길을 옮긴 것은 새로 가족이 된 며느리에게 엄마의 부용대도 보여주고 싶은 마음이 컸기 때문일 테지요. 엄마를 비롯하여 아버지와 시부모 즉 가족을 떠나보내고 새 가족을 맞이하고서 말이지요.

  안동에서 하룻밤을 묵고 아들네가 충주 오두막으로 내려온다고 해서 우리도 서둘러 안동을 출발합니다. 충주에 도착하니 일주일 동안 비어 있던 집에 길고양이 모녀가 힐끗 눈인사를 하는 둥 마는 둥 하더니 아주 화목한 시간을 보내고 있군요. 외가 동네에서 엄마를 느끼고 온 탓인지 제 눈에는 매우 다정한 모녀로 보였답니다. 주말주택인 까닭에 주말에 올 때면 만나는 길고양이는 주로 혼자였는데 오늘은 아기를 데리고 온 엄마인 듯합니다. 이 집을 지은 지 10년이 지났지만 처음 보는 광경입니다. 한편으론 저들이 부럽네요. 오래전에 떠난 엄마와는 살아생전 저렇게 다정해 보지 못했으니까요.

그들도 내 울컥하는 약한 마음을 알아챘는지 도통 도망갈 생각을 하지 않는군요. 집주인을 보면 재빨리 도망을 가곤 하던 놈들과는 영 딴판입니다. "아~주 지~들 집이구먼" 하면서 카메라를 들이대도 막무가내. 혼자가 아닌 가족의 힘을 믿는 건지 정말 자기네 집처럼 앞마당으로, 그네 주변으로 옮겨가며 잘 놀고 있네요. 가족은 힘이 되는 것이지요. 가끔 짐이 되는 경우도 있지만요.

오늘 여가부에서는 '2020 제4차 가족실태조사'를 발표했군요. "20대를 중심으로 비혼독신이나 무자녀 등 전통적인 가족 형태를 벗어난 가족 개념에 대한 긍정적인 인식이 강하게 나타났다."고 하네요. 그래서 "정부는 앞으로 다양한 가족 형태가 확산될 것으로 보고 관련 법 개정 추진과 지원을 강화할 방침"이라고요. 가족의 종류는 다양합니다. 독신가족, 입양가족, 재혼가족, 다문화가족 등 또 외국엔 동성애가족도 있지요. 이렇게 여러 형태의 가족이 있으니 또 다른 형태의 우리 오두막 가족도 살펴보고자 합니다.

"넌 어디서 왔니?"

"난 이 집 주인의 작은 시누이집 대구 팔공산 밑에서 왔는데 해당화라고 해, 머위도 같이 왔지." "소백산 자락에서 온 붓꽃이야." "난 맥문동인데 집 주인이 용인 이사 오기 전 살았던 인천 아파트에서 왔어."

"너희들 전북 익산의 나바위 성지라고 아니? 전라도에서 가장 오래된 성당으로 한국 최초의 사제인 김대건 신부가 서해를 통하여 귀국하여 첫발을 내디딘 곳이야. 그곳 십자바위 주변에서 집주인을 따라 왔지. 아, 난 참나리야."

"어이, 아기 소나무는 어디서 왔는고?" "이 집주인 시부모가 계신 안동댐 옆 선산에서 왔는데 많은 아기 소나무들 중 내가 선택됐어, 너는?" "난 경북 청송 송소 고택에서 왔는데 과꽃이라고 해."

"나도 있어, 용인 남사에 고려 승전지로 유명한 처인성이 있는데 그 처인성승첩기념비 앞에서 온 구절초야. 샤스타데이지, 노랑 창포야 반갑다. 너희는 집주인 현재 거주지 아파트 물빛공원에서 왔지? 우린 이웃에서 왔구나."

"오늘 온 너는 누구니?" "난 집주인 외가 동네 하회마을에서 손자 주려고 구입하신 목화이불과 함께 온 목화야."

옆집에서 온 둥굴레, 뒷집의 라일락, 10년 단골 장호원 모종가게 주인의 귀한 흰민들레도 오두막에 자리 잡았네요. 이들 외에도 많은 가족이 있지요. 아들 내외 결혼기념나무를 비롯하여 손자 출생과 첫돌기념 식수도 있으며 또 다른 여러 나무와 꽃들이 있습니다. 온갖 새들과 곤충, 마당을 넘어오는 뻐꾸기 소리까지도 모두 가족 대상입니다. 그들이 원한다면 말이지요. 조그만 오두막이 풍성합니다. 씨를 내어주고 모종을 건네준 이들의 마음과 함께여서 더 풍요롭습니다. 독신가족이 늘어가는 요즘 이렇게 대가족으로 살아가는 행복을 누리고 있습니다. 그래서 이곳을 행복골 오두막이라 불러봅니다. 아, 가족 하나 추가요. 옆에 있는 산에서 가끔 마당으로 내려오는 고라니에게도 물어봐야겠군요.

"고라니야, 너도 우리 가족 할래?"

『시림문학』 2021년 〈한국대표문인특집〉

시누이 아가다

그녀는 웃고 있었다.

"왔어요?"라는 말도 없이.

난 그녀의 딸들과 남편 앞에서 터져 나오는 울음을 목구멍 안으로 구겨 넣으며 끅끅거렸다. 미안함에 내 울음은 밖으로 새어 나오지도 못했던 것이다.

'미안해요.'

'전화 한번 해야지'가 몇 년이 되었고 전화 한번 받을 상대는 이젠 저렇게 영정 사진 속에서 웃고 있다.

지난 8월 15일은 좋은 날이었다. 크게는 나라의 좋은 날, 작게는 내 생일 날. 음력 7월 보름 백중날 태어난 나는 올해 양력으로 셈하니 나라의 경사스러운 날 광복절에 생일을 맞게 된 것이다. 생일에 앞서 임신이라는 크나큰 선물을 안겼던 아들, 며느리와 케이크를 자르며 축하의 박수를 받던 중 받아든 그녀의 죽음. 나보다 열 살 아래 시누이의 죽음이었다. 100세가 기본인 지금 세상에 50대 초반의 새파란 나이의 그녀는 구원을 약속한 그분의 나라로 가버렸단다.

말도 안 되는 사실에 왜, 왜, 왜를 거듭하는 나에게 들려온 얘기는 더욱더 기가 막혔다. 물론 지병이 있기는 했으나 허리 수술을 위해 걸어 들어간 병원을 다시는 나오지 못했으니 병원의 잘못 때문이란다. 두어 달 병실에서 힘겹게 이승의 생을 마무리하고 떠난 그녀는 이제 편안해졌을까? 그녀가 간 날은 비가 오더니 다음 날은 달이 밝았다.

일주일이 지났다. 그녀가 간지. 그예 병이 나고 말았다.

"신경 써서 그런 거 아냐?" 남편이 말했다.

"그런 거 같아."

어이없는 죽음 탓일까. 그녀가 온종일 나를 따라다녔다. 함께 했던 모습이 지워지지 않았다. 너무 이른 이별에 마음이 많이 아프다는 소식을 십 년 전 같이 활동했던 성당의 사목회 단톡방에 올렸다. 기도 부탁드린다고. 그리고 기도했다.

"주님, 이 세상에서 그토록 이쁘게 주님의 삶을 살았던 아가다를 천국에서 얼싸안아 주소서."

인연일까?

좋은 인연이 되면 서로에게 힘이 되고 위로가 되어 세상살아감에 윤활유가 될 것이다. 또한 그리되면 좋은 인연으로 인하여 서로가 행복해질 것이다.

그랬다. 그녀와의 인연은 멋모르고 맡았던 성당의 중책에 힘겨울 때 힘이 되었고 마음이 상할 때 위로가 되었다. 한 성당의 사목회에서 같이 활동하는 인연 덕분에 말이다. 그 인연을 가톨릭 신자인 난 하느님의 섭리라고 부르고 싶다. 십수 년 전 그 성당에서 만나게 하신 그분의 섭리엔 그녀를 먼저 보내야 하는 것도 포함되었던 것일까?

"엄마, 이모할머니가 할머니랑 똑같아요."

시어머니의 동생이셨던 시이모님은 어머님과 많이도 닮으셨기에 어린 시절 아들은 그렇게 말했다. 어머님은 아들네로 올라오시면 그 시이모님과 더불어 서울에 사셨던 시외숙모님과 함께 만나시곤 하셨다. 우리 집에도 세 분이 여러 번 주무시고 가시기도 하셨던 것이다. 시누이 아가다는 그 시이모님의 딸이다.

13호 태풍 '링링'도 서해를 지나 북한 황해도로 목적지를 향해 가고 이 계절도 여름을 지나 가을로 접어들었다. 구원이라는 같은 목적지를 가졌던 우리는 이제 함께 이승의 삶을 살 수 없으니 먼저 도착한 아가다에게 말한다.

아가다, 잘 있지요? 그악스럽던 매미 소리 잦아드니 가을 풀벌레 소리 요란하네요. 아무리 요란한들 찬바람 불면 또 스러질 소리 아니겠소. 우린 하늘나라를 향해 가는 길목에서 만나 얼마간의 여정을 같이 했지요. 영원한 생명을 믿는 곳에서 만났고, 하느님 안에서 삶을 열심히 살았으니 또 만나리라 믿지요. 언제가 될진 모르지만 또 만납시다. 아, 매년 내 생일이면 하늘나라에서 축하 메시지 보내는 것도 잊지 마시우.

나도 기억하리다.

『수필문학』 2019년 10월호

감나무,
결실을 말하다

'생각이 난다. 홍시가 열리면 울 엄마가 생각이 난다.'

요즘 트로트 경연 무대가 많아진 탓인지 나훈아의 「홍시」 노래가 자주 들린다. 홍시가 열리면 엄마가 생각이 나고, 그리워지고, 보고파진다고 했다. 왜 아니겠는가. 나는 홍시가 열리지 않아도, 보이지 않아도 홍시를 생각만 해도 두 어머니가 보고 싶다. 우연일까. 몇 년의 세월을 두고 내 곁을 떠나신 두 어머니께 병원에서 마지막으로 먹여드렸던 것이 홍시였다. 같은 해는 아니지만, 친정어머니는 11월 첫 주에 시어머니는 11월 둘째 주에 두 분 모두 가을에 돌아가신 탓일까. 아니면 내가 가장 좋아하는 과일이기도 했고 두 분 모두 좋아하셨던 과일인 이유도 있으리라.

내 어릴 적 앞산 앞으로 흐르던 냇물이 있었어.
고향 떠난 지 십 수 년 만에
고개고개 넘고
냇물 거슬러 찾아갔었지
그 물은 아직도 그렇게 말갛게 흐르고 있었어.
거기엔 물처럼 흘러 흘러
흔적 없을 줄 알았던 내 어린 세월이
두 뺨 발그레한 열 살 적 소녀의 모습으로
주저앉아 있더라고.
말간 시냇물에 빨간 홍시 하나 퐁당 떨군 채로
그렇게 말이지.

마흔 중간에 쓴 시 「세월은 흘러가는 게 아니야」의 첫 연이다. 어릴 때는 홍시를 참 많이도 먹었다. 고향 경북 의성에는 사곡시(舍谷枾)가 유명하다. 사곡이라는 곳이 내 고향 동네와는 떨어져 있었지만, 우리 마을에도 감나무는 많았다. 우리 집 마당에, 앞산 가는 밭에도 심지어 개울가에도 감나무가 천지였다. 오뉴월 감나무 밑에 떨어진 감꽃은 아이들의 목걸이가 되고 반지가 되었다.

내가 과일 중에 감을 제일 좋아하는 것은 어릴 적 추억 때문일까. 그래서 10년 전에 충주 오두막에 감나무를 심었다. 1~2년 기다리면 감꽃이 피고 감이 주렁주렁 달릴 줄 알았다. 늦어도 4~5년이 지나면 과실이 달린다고 했는데 5년이 지나도 소식이 없었다. 알아보니 감나무는 추위에 약해 남부지방에서 잘 자란다고 했다. 그래서 남부지방에서는 과수(果樹)로 중북부지방에서는 관상수(觀賞樹)로 심는다고 했다. 더 기다려봐야 할거나?

드디어 10년 만에 두 개의 감이 달렸다. 2월 우리에게 온 손자와 더불어 나타난 귀한 생명의 결실이다. 우리 손자가 가져온 선물이라고 생각했다. 며느리는 아기감이 손자 친구로 잘 자랐으면 좋겠단다. 주말마다 들르는 집이라 감꽃 핀 것도 눈치 채지 못했다. 몇 개의 꽃을 피웠는지 모르겠지만 딱 두 개의 저리 귀엽고 이쁜 것을 품고 있을 줄이야.

그동안 꽃이 피지도 열매를 맺지도 않아 구박도 하고 사정도 하고 없앨 궁리까지 했던 터였다. 감나무를 지지대(支持臺) 삼아 능소화를 올릴 생각까지 했던 것이다. 미안하다. 그리고 기다리길 잘했다는 생각을 한다. 뭐 아주 많이 믿고 기다린 건 아니지만, 그래서 오기로 독기로 열매 맺은 감나무가 아닐는지. 그렇다면 우리도 살면서 저 감나무처럼 때로는 오기가, 독기가 필요할 수도 있지 않을까. 오기, 독기의 '기'는 '기운 기(氣)'이다. 그 '기'는 나의 능력과 힘을 넘어서는 그 무엇이고 전력을 다하는 삶의 자세에서 나오는 힘이 아닐까.

손자를 보고 우리 부부가 주고받은 말은 '이만하면 되었다.'이다. '감나무 밑에 누워 홍시 떨어지기를 기다리는 숙시주의(熟柿主義)의 마음으로 살지 않았다. 우린 열심히 살았고, 힘든 시기를 잘 헤쳐 나왔고, 위기의 파도도 잘 넘어왔으니 그것은 때론 오기였으며 또 어느 때는 독기로 버티고 살아온 결과이지 않겠는가. 물론 세상의 잣대를 들이댄다면 우리 삶의 궤적이 형편없을지도 모르겠다. 그러나 우린 스스로에게 후한 점수를 주기로 한 것이다.

그동안 주인의 구박과 협박에 적잖이 서운했을 감나무 역시 첫 결실이 부실함에도 불구하고 마구 칭찬하고 싶다. 또 베어질지도 모를 위기와 능소화의 지지대로 전락할 신세를 잘 견뎌왔음에 박수를 보낸다. 그래서 달랑 두 개의 감을 품은 감나무에게도 후한 점수를 주고 싶은 것이다. 생명을 잉태한 모든 것들이 위대하듯이 십 년 만에 결실을 품은 너

또한 대단하다고 말이다.

  앞으로 여름의 뜨거운 햇빛과 모진 비바람을 잘 견뎌야 할 텐데. 그리하여 가을 어느 청명한 날 이쁘게 여문 감 두 개가 얼굴을 붉히고 인사하며 결실을 말할 때, 난 이렇게 말하고 싶다.

  "그래, 장하다. 너나 나나, 그만하면 됐다."

『선수필』 2021년 가을호
한국수필문학가협회 『2021 대표수필선집』

거저 받은 보물

 봄이다. 땅속에 웅크리고 있던 온갖 식물들이 씨를 틔우고 잎을 땅 위로 밀어올리고 있다. 그중 참나리도 벌써 손가락만큼의 키를 키우고 있다.
 작년 여름 충주 집에 참나리가 한창이었다. 울타리 옆 조그마한 공간에 또 단풍나무 아래, 반송 앞에 자리하고 이쁘게 핀 참나리들이다. 그들은 주인 없는 집에서 누가 누가 예쁜지 자랑을 하는가, 아니면 저들의 생명을 잉태하고 나눠준 어미의 고장에 대해서 얘기를 하고 있었을까.
 언제나 빈손이었다. 소풍을 가거나 무슨 행사에 참가했을 때 보물찾기에는 매번 허탕이었다는 말이다. 구석구석 매의 눈으로 살피기는 했으나 그 보물 쪽지들은 나에게 절대 얼굴을 보여주지 않았던 것이다. 항상 빈손인 나를 보다 못한 친구 특히 여러 장 찾은 친구나 안쓰럽게 여긴 선생님께서 슬쩍 내미신 보물 쪽지가 전부였으니 어느 때는 보물찾기를 포기하기도 했었다. 그렇게 보물찾기와 지독히도 인연이 없던 나는 보석을 보러 가기로 했다.

익산이었다. 1975년 대한민국 최초, 국내 유일의 귀금속 보석 공업단지가 조성되어 보석의 도시로 주목받는 곳이다. 봄, 가을 보석 축제가 개최되고 있으나 내가 그곳을 방문했던 때는 여름이었다. 보석 박물관까지 구경하고 먼 곳까지 갔으니 그곳에서 가까운 천주교 성지를 둘러보기로 했다.

나바위 성지로 갔다. 그곳은 익산에 있는 천주교 성지로서 우리나라 최초 신부인 김대건 신부의 최초 기착지인 곳이다. 엄혹한 천주교 박해시기에 김대건 신부가 중국에서 사제 서품을 받고 페레올 주교와 다블뤼 신부, 그리고 신자들과 함께 라파엘호를 타고 금강으로 들어와 입국한 곳이다.

나바위 성지에는 우암 송시열이 사계절마다 변하는 아름다움을 표현하여 이름 붙이고 직접 썼다는 화산(華山)이 있다. 화산 입구에서 망금정까지의 길에 십자가의 길이 있었는데 십자가의 길은 예수님의 수난을 묵상하는 곳으로 14곳으로 이루어져 있다. 6처에 도착했을 때 색다른 바위 하나가 눈길을 사로잡는다. 큰 바위가 깊고 선명하게 십자가 형태로 갈라져 있는 모습으로 서 있었으니, 십자바위라 했다.

  그때 만났다. 예수님을 생각하고 김대건 신부를 기억하며 십자바위에 마음을 뺏기고 있던 그때였던 것이다. 십자바위 옆으로 키가 훌쩍 커서 늘씬한 자태에 산뜻한 주황색 바탕에 적갈색 반점을 알록달록 찍고서, 꽃잎을 단정하게 뒤로 말고 가슴에는 흑진주 같은 구슬을 달고 다소곳이 서 있는 그녀를 만났던 것이다. 그때 구슬눈(주아)을 나에게 나눠준 십자바위 옆 참나리는 그 후 충주 집에서 같이 살게 되었다.

  날로 뒷걸음질 치는 내 신앙심과는 달리 나날이 무성해지는 참나리였다. 그때 보석의 도시 익산에서 확보한 건 번쩍이는 보석이 아니라 참나리였고 그 몇 년 뒤 나를 찾아온 엄청나게 상서로운 보배가 있었으니 손자 서진(瑞珍)이다.

  거저 받은 참나리도 손자도 무럭무럭 자라고 있으니 감사할 따름이다.

『농민문학』 2024년 여름호

산소 가는 길

 어제 4월 5일 한식이 지났다. 한식이 무슨 날이던가. 한식(寒食)은 설날, 단오, 추석과 함께 우리나라 4대 명절로 동지로부터 105일째 되는 날이다. 예전에는 농사의 시작과 겹쳐 풍년을 기원하며 제기차기와 그네 타기 등의 놀이를 하였다. 요즈음에는 한식날을 크게 지내지는 않지만, 한식 차례를 지내는 사람들은 있는 듯하다. 한식 차례는 조상의 묘를 찾아가 묘지를 돌보며 나무를 심고 떡과 과일 등의 음식을 차려 간단하게 차례를 지내는 일이다. 우리도 3대가 한식 차례를 지내러 안동 선산으로 가기로 했다.

 2020년 2월 13일 손자가 태어났다. 이른바 코로나 키즈이다. 코로나19는 2019년 중국에서 발생하여 우리나라에는

2020년 1월부터 환자가 나타나기 시작했다. 코로나19 발생한 달이 지난 엄중한 시기에 손자가 아무것도 모르고 이 무서운 세상으로 나온 것이다. 태어나던 날에도 병원에는 얼씬도 할 수 없었다. 그 후로 몇 년 동안 어리기도 했지만, 외출도 쉽지 않았다. 그러니 멀리 안동댐 근처 선산에 계신 증조할아버지, 할머니께 인사조차 가보지 못했던 것이다.

  용인이 집인 우리는 토요일 일찍 안동에 가기로 하고 금요일에 중간인 충주 집에서 모였다. 다음 날 어제 며느리가 만든 배추전을 비롯하여 간단한 차례 음식을 준비하여 서둘러 길을 나선다. 산소 주변에 심을 맥문동도 챙긴다. 아들과 며느리도 결혼하고 인사를 다녀온 후 손자를 데리고는 처음 가는 길이다.

  안동시 호반로 769번 산야3리 버스정류장 앞에 차를 세우고 걸어 올라가야 했다. 길지 않은 마을길을 지나 길도 없는 산을 기다시피 올라가야 하는 일은 쉽지 않다. 마을길에서부터 힘들다며 걷지 않으려는 손자가 걱정이다. 지리산 노고단을 다녀오고는 산에 간다는 말에 지레 겁을 먹었음인가, 좀처럼 속도를 내지 않는다.

  손자는 어찌어찌 마을길을 지나 정작 힘든 산길로 접어들고부터는 잘 올라간다. 진달래가 피었다. 두릅도 싹을 올렸다. 묘소 앞에 도착했다. 손자는 증조할머니의 머리 꼭대기에 뛰어 올라가 신바람이 났다. 예전에 우리 어렸을 때도 산소 봉분에 올라가 뛰어놀았더랬다.

"증조할아버지, 할머니 처음 뵙겠습니다."

증손자의 인사에 답이라도 하시는가. 하얀 나비 한 마리가 아이 머리 위에서 맴을 돌고 있다. 준비한 음식을 차려놓고 차례를 지내고 가져온 맥문동을 아버님, 어머님 앞에 심는다. 나무를 심고 싶었으나 많은 짐을 가지고 산을 오르기가 어려워 가벼운 맥문동이 선택되었다. 내년에는 배롱나무 작은 묘목이라도 생각해 봐야겠다.

아이는 언제 그랬냐는 듯 올라올 때보다 훨씬 신이 났다. 우리도 내려오면서 쑥이며 두릅을 챙긴다. 산을 내려와 안동댐 앞에서 헛제삿밥을 먹고 안동시 탈춤공원 주변에서 진행되고 있는 '안동 벚꽃 축제'를 보러 갔다. 원래는 축제 기간이 3월 31일까지였는데 연장해서 4월 7일까지 한다고 했다. 아마 전국의 꽃축제가 개화시기가 맞지 않아 곤욕을 치른다고 하더니 여기도 벚꽃이 예상보다 늦게 피었나 보다. 축제 기간 연장 덕분에 뜻하지 않은 벚꽃 구경을 실컷 하게 되었다. 그것도 폐막 하루 전에, 만개하여 너무 아름다운 벚꽃을 말이다.

  꽃을 늦게 피운 날씨 덕분일까, 아니 먼 길 달려와 준 후손들에게 베푸는 조상님들의 깜짝 선물이려니 믿고 싶다.

『진주남강문단』 2024년

동행

4년 전 2020년 5월이었다. 그 아이는 용감했다. 임신기간 중에는 운전을 하지 않아 일 년 만에 잡은 운전대에 힘을 잔뜩 실었다. 그러고는 "아이고, 주님."을 외쳐가며 시모를 모시고 그 복잡한 서울 길을 달려 병원으로 가는 중이다. 그녀는 그 당시 백 일을 열흘 앞둔 갓난아이의 엄마였다.

서울 혜화동 S병원은 갑상선 결절로 인해 수년 전부터 다닌 곳이다. 코로나19 때문에 입구에서 "기침, 가래 있으세요?" 질문에 고개를 젓고 발열을 확인하고 암병원에 들어섰다. 진료실 앞 가득한 사람들 틈에서 긴 기다림 끝에 수술 선생님 앞에 앉았다. "따님이세요?" 옆에 선 아이를 보고 의사 선생님이 물었다. "며느리인데요."라고 대답했다. 그 며느리는 기어이 제 남편을 휴가를 내게 하여 백 일도 안 된 아이를 맡기고는 시모를 따라나선 것이다. 강남고속버스터미널에서 만난 시모를 태우고 혜화동 병원으로 향했던 것이다.

"고통 없이 영광 없고, 죽음 없이 부활 없다."는 말을 굳게 믿는 나는 신앙인이다. 시련으로 담금질한 삶이 아닌 순탄한 인생은 아무래도 어려운 고비가 닥치면 쉽게 좌절할 것이다. 그동안 살면서 시련이 왜 없었겠는가. 또 고통의 시간이 없었을 리 없다. 그렇다고 좌절하지 않는 성공한 삶을 위하여 시련과 고통을 자진하여 바라지는 않았으리라.

15년 전 현대의학으로는 고칠 수가 없으니 저희가 더 노력해야겠다는 의사 선생님 말씀을 끝으로 난 후각을 잃고 모든 냄새와 향기와 이별하는 생활을 해왔다. 그런데 4년 전 또 하나의 이별을 준비해야 했으니 수년 전 발견한 갑상선에 달라붙은 혹이 기어이 문제를 일으켰던 것이다. 그동안 점점 크기가 커지더니 떼어봐야 알겠지만 20~30%가 암일지도 모른다는 지경에 이르러 그것을 제거해야 하는 상황이 되어버린 것이다.

의사 선생님께서는 옆에 서 있는 며느리를 보면서 며느님 나이 정도면 오른쪽 큰 것만 떼라고 하겠지만 어머니 나이에는 왼쪽 작은 것까지 모두 떼는 게 좋겠다고 하셨다. 그건 갑상선에 대한 미련이 아니라 비록 일부분일지라도 삶에 대한 미련을 버리라는 소리로 들려 생을 마칠 때까지 함께 하는 것으로만 알았던 것들과의 이별은 그리 유쾌하지 않았다.

  1년이 넘게 수술이 잡혀있다는 즉 대기환자가 많다는 의사 선생님께 수술을 예약하는 시간은 짧지 않았다. 왜 아니겠는가. 우리나라 최고의 병원에 전국에서 몰려드는 환자가 얼마나 많을 것인가. 대기가 많지만 중간에 시간을 잡아보겠노라는 예약 담당자의 노력으로 그래도 내년이 아닌 8월 말경으로 갑상선과의 이별 날짜가 결정되었다.

  8월이 되었다. 코로나19로 온 나라가 초토화되어 가는 상황에 더하여 태풍 바비와 마이삭까지 불안을 더했다. 그런데 그것은 문제가 아니었으니 S대병원 전공의들이 파업에 나선 것이다. 어떻게 잡은 수술 날짜인데 겁이 더럭 났다. 아니나 다를까 병원에서 연락이 왔다. 파업으로 인하여 예정된 날에 수술이 어렵다고 했다.

  불안해지기 시작했다. 암일지도 모른다는데 혹여 수술 날짜가 많이 연기가 되면 내 병의 상황이 더 악화되지는 않을까. 다행히 예정했던 날로부터 일주일 후에 수술 날짜가 다시 잡혔다. 그렇게 코로나19를 넘고 의사 선생님들의 파업을 넘어 어렵게 어렵게 수술을 했고 다행히 암은 아니라고 했다. 수술 후 입원 중에도 며느리는 기어이 아들 대신 내 병실을 지키겠다고 젖먹이 손자를 떼어놓고 병원으로 왔다.

　나는 그렇게 갑상선 두 개를 모두 떼어내고 평생 약을 먹는 갑상선기능저하증 환자로 살고 있다. 내 몸 어느 구석이 또다시 이별을 가져올지, 아니면 언제 온몸이 이승과 작별을 할지 그래서 며느리를 비롯하여 모든 사람과 이별을 할지 모르겠지만 의연해지는 연습을 해야겠다. 며느리는 몇 년 전에 그 병원에 간호사로 근무를 했던지라 수술 전 동행했던 날에는 병원 안내와 이곳저곳 갈 곳 많은 진료실, 검사실 동행과 수납까지 대행하며 살뜰하게 나를 살폈다.

　그날 며느리와의 동행은 앞으로도 이어질 것이다. 또 병원 살이를 시키자는 것은 아니고 그것이 어느 장소적인 또는 외형적인 것이 아니더라도 나에게 그 아이는 영원히 함께 하는 또 하나의 가족이자 삶의 동행자가 될 것이라는 얘기다.

『수필문학』 2024년 9월호

우리 호두는
지금 독일에 있네

속삭이는 호두나무 귀여워
아가씨 그 나무에서 떠날 줄 모르네
언제나 속삭이네
속삭이는 호두나무 꽃
그리운 그대의 노래를 속삭이네
들어보시라
아가씨는 미소를 띠며 단꿈을 꾸네

음악가 슈만이 아내 클라라와 결혼한 직후 그녀를 위해 모젠의 「호두나무」에 곡을 붙여 바쳤다는 시의 일부이다.

생각하면 절로 미소가 지어지는 우리 손자는 2019년도에 거짓말처럼 우리를 찾아왔다. 제 엄마 배 속에서의 이름이 호두였다. 단단하되 부드럽고 영양 많은 호두처럼 내실 있는 사람으로 자라라는 제 부모의 바람을 담은 태명이었다.

2019년 12월 중국 우한에서 발생하여 우리나라 첫 환자가 2020년 1월 20일에 나타났다. 이름하여 우한 바이러스 즉 코로나19였다. 온 세계가 발칵 뒤집혔다. 그 뒤 한 달이 채 지나지 않아 2월 13일에 우리 손자 호두는 그 엄중한 시기에 이 땅에 태어났으니 가시밭길이 따로 없었다. 태어나던 날 제 아빠를 제외하고 아무도 만날 수 없었고 온 세계로 퍼진 바이러스로 인해 수많은 사람들이 죽어 나가는 세상에 놓인 것이다. 그 후 백일은 물론이고 돌잔치도 제대로 치를 수가 없었다.

호두가 태어나고 두 달 뒤 2020년 4월 15일 충주 집에 호두 출생 기념식수로 호두나무를 심었다. 보통 호두나무는 키가 15미터에서 40미터까지 자란다고 한다. 작은 집에 그 크기는 너무 부담스러워 찾아보니 요즈음은 작은 키의 호두나무도 있었다. 왜성 호두라고 하여 키가 6미터 정도로 낮게 자라는 품종이었다. 그래서 왜성 호두로 관핵1호 2년생 나무를 골랐다. 관핵1호의 특징은 나무의 키가 작고 껍질이 얇으며 일찍 열매가 열리면서 추위에 강하다는 것이었다.

호두나무가 어떤 나무이던가. 고대 그리스와 로마 사람들은 풍요와 다산의 상징으로 결혼식에서 좌석 주위에 호두를 뿌렸다. 그리고 우리나라는 폐백의 자리에서 대추와 밤을 던져주지만, 이탈리아 사람들은 결혼식에서 아들딸을 많이 낳으라는 의미로 신랑 신부에게 호두를 던진다. 또 생명과 불멸의 상징인 호두나무는 나무 중에서도 가장 고귀한 목재의 하나로 손꼽히고 종교의식에도 사용되었다. 성경(아가서)에서도 언급된 호두나무는 고려 중엽에 우리나라에 들어왔다. 류청신이라는 사람이 중국에 사신으로 갔다가 돌아올 때 호두나무 묘목을 가져와 천안 광덕사에 심었다고 한다.

과실 모양이 사람의 뇌를 닮아 호두를 먹으면 머리가 좋아지고 임산부가 먹으면 머리가 좋은 아이를 낳는다는 말이 있다. 고단백 참살이 식품으로 알려져 있기도 하다. 호두를 태명으로 정한 제 어미도 호두를 많이 먹었을까. 이제 다섯 살인 아이는 머리가 좋다는 말을 자주 듣는단다. 또한, 고대 그리스인들은 호두가 인간의 뇌를 닮았다고 생각해서 머리 상처 치료에 꼭 호두를 사용했다고 한다.

호두 아니 서진이는 잘 자라 유치원엘 들어갔다. 같은 반에 성도 이름도 같고 게다가 성별도 같은 남자 친구를 만났다. 그래서 별칭을 정하였는데 우리 서진이는 초록서진으로 했다. 본인한테 물어 정하였는데 초록색을 좋아해서라고 했단다. 할머니인 내가 초록색을 좋아하는 줄은 몰랐겠지.

충주 집에 있는 호두나무도 잘 자라 무성해졌다. 유럽에는 성모 마리아가 베들레헴으로 가는 도중에 비를 만났는데 호두나무 잎이 비를 막아주었다는 전설이 전해진다. 우리 서진이도 단단하고 똘망똘망 이쁘게 자라 본인이 행복하고 또 이 세상에도 도움이 되는 사람으로 잘 컸으면 좋겠다.

그나저나 우리 호두는 지금 독일에 있다. 지난 10월 5일(토)에 출국하여 한 달여 예정으로 독일 프랑크푸르트 지인 집에 머무르고 있는 것이다. 한 달여 지나서 만나면 훌쩍 자라 있을지도 모르겠다. 건강하게 지내고 돌아오는 손자의 입국 날을 손꼽아 기다린다.

『농민문학』 2024년 겨울호
한국수필문학가협회 『2024 대표수필선집』

효 어버이에 대한 효도

제 형제끼리의 우애

충 임금에 대한 충성

신 벗 사이의 믿음

꽃문자도
 민화의 문자도 중에서 꽃을 패턴화하여 장식한 구성이 특징인 문자도. 문자내부에 모란, 연꽃, 국화, 매화, 해당화 등 전통 꽃그림의 대표적인 소재가 표현되고 있다. 19세기 후반의 문자도 중 서민들만의 감각과 자유성이 살아있는 그림이다.

치 부끄러워 하는 태도

염 청렴한 마음과

의 의리

예 예절

수상소감

등단하던 날이 생각납니다. 세상을 다 얻었던 기분이었던 걸로 기억합니다. 그런데 그 기분이 옅어질 무렵 사자의 굴인지 모르고 들어섰다는 걸 알았지만 그래도 되돌아나가고 싶지는 않았습니다. 그때로부터 24년이 지난 지금까지 저는 수필 세상에서 살아남았습니다. 그뿐입니까? 오늘 수필문학상 수상의 영광까지 누리고 있습니다. 지금 이 순간 제 자신에게 그때 사자 굴을 탈출하지 않았음을 칭찬하고 싶습니다.

가끔 힘이 빠져 있을 때 단비처럼 격려해 주신 강석호 선생님, 연성문학 김연식 선생님을 비롯하여 문단 선후배 여러분께 감사드립니다. 미국의 물리학자 리처드 필립스 파인만이 노벨물리학상 수상을 통보받고 수상을 거절했다고 하지요. 저 역시 수필을 쓰는 것에 그런 목적이 있는 것은 아닙니다. 아니지요. 생각해보니 간절히 바라는 아주 큰 목적이 있습니다. 그것은 정말 좋은 수필을 쓰는 것입니다.

  제가 글을 쓰는 동안 강산이 두 번 바뀌는 세월에도 항상 그 자리에서 변함없이 많은 힘이 되었던 남편과 내년 봄이면 가정을 이룰 아들 수현이와 짝꿍 소연이, 고맙고 사랑합니다.

제25회 수필문학상 수상소감, 2015년 5월 22일

김덕림

『농민문학』수필 등단(1991), 『시와 시인』시 등단(1993)
現/ 한국문인협회 회원, 한국수필문학가협회 사무국장
월간 『수필문학』편집위원, 『선수필』기획운영위원
한국농민문학회 이사, 진주남강문단 운영이사
前/ 한국문인협회 시흥지부 사무차장, 시흥문학상 전국공모 운영위원,
경기시인협회, 연성문학회 회원, 도서출판 하우 편집위원

재능교육 어문전문교사, 개인교습소 독서지도, 지역아동센터 독서지도 강사
동국대학교 평생교육원 민화실기(전문가) 과정, 민화실기(지도자) 과정 수료
홍재미술대전(서예) 초대작가
수상 – 시흥예술대상 공로상(문학부문, 2002)
       제25회 수필문학상(2015)
저서 – 수필집 『목련, 별이 되다』(2004) 『달팽이와 식구하기』(2015)
       4인 시집 『울림 없는 메아리』(1994)
       『나비야, 하늘 어두운 날에도 꽃은 필 거야』(2025)

나비야, 하늘 어두운 날에도 꽃은 필 거야

2025년 6월 5일 초판 인쇄
2025년 6월 10일 초판 발행

지은이   김덕림

발행인   강병욱
발행처   도서출판 교음사

03147 서울 종로구 삼일대로 457 수운회관 1308호
Tel (02) 737-7081, 739-7879(Fax)
e-mail : gyoeum@daum.net
등록 / 제2007-000052호

* 잘못된 책은 바꿔 드립니다. 값 18,000원

ISBN 978-89-7814-034-8 03810

- 이 책 내용의 전부 또는 일부를 재사용하려면 저작권자와 교음사의 동의를 받아야 합니다.
  지은이와의 협의 하에 인지는 생략합니다.